# La vida de devoción

## en la

## tradición

## wesleyana

# LA VIDA DE DEVOCIÓN EN LA TRADICIÓN WESLEYANA

## UN LIBRO DE EJERCICIOS

STEVE HARPER

LIBROS
UPPER ROOM
NASHVILLE

*La vida de devoción en la tradición wesleyana: un libro de ejercicios*

Traducido por Mary Lou Santillán Baert
Derechos reservados © 1999 por Steve Harper
Derechos reservados

The Upper Room Website: http://www.upperroom.org
Las citas bíblicas que se usan provienen de la Versión Reina-Valera Revisión © de 1995 (RVR). Usada con permiso.

Dibujo y fotografía de la portada: Steve Laughbaum
Diseño del interior: Charles Sutherland

Primera impresión: abril de 1999
Biblioteca del Congreso
ISBN: 0-8358-0851-3
Impreso en los Estados Unidos de Norteamérica

**Library of Congress Cataloging-in-Publication Data**

Harper, Steve.
   [Devotional life in the Wesleyan tradition. Libro de ejercicios. Spanish]
   Vida devocional en la tradición wesleyana. Un libro de ejercicios / Steve Harper
     p.   cm.
   Includes bibliographical references.
   ISBN 0-8358-0876-9
   1. Spiritual life—Methodist Church. 2. Wesley, John, 1703–1791. I. Title.
   [BV4501.2.H35513   1999]
   248.4'87—dc21                   98-55297
                                       CIP

Impresso en los Estados Unidos de América

*Para Jeannie,*
*mi esposa, mi mejor amiga y mi guía espiritual*

*en la ocasión del vigésimo quinto aniversario*
*de nuestro matrimonio*

# CONTENIDO

# Introducción

Millones de gente, anhelando algo más, tienen hambre de Dios. Esta hambre es tan evidente en la iglesia como en la cultura. Las personas cristianas están cansadas de jugar a la iglesia y creen que el tiempo ha llegado de comprometerse con ella o dejarla. El deseo por una formación espiritual firme es mayor ahora que en ningún otro período de mi vida. La religión institucional ha probado ser impotente para brindar vida abundante. Necesitamos algo más.

Somos pueblo del Libro. Recibimos nuestras direcciones y nuestras órdenes para marchar de las Sagradas Escrituras. Creemos que Dios tiene la última palabra (revelación) y cabe a nosotros responder. No estamos interesados en una espiritualidad ajena o aislada de la Biblia. A la vez, sin embargo, creemos que Dios ha hablado a través de la tradición. Creemos que el gran número de testigos son santos cuyas vidas y enseñanzas iluminan nuestro camino y nos ayudan a interpretar el Libro al aplicar sus verdades eternas a nuestras propias vidas y situación.

Una persona asi fue Juan Wesley. Al examinar su vida y su ministerio, podemos descubrir ideas valiosas y prácticas para fortalecer nuestra vida de devoción. Este libro de ejercicios ha sido concebido para proveerle con un enriquecimiento personal al usar a Wesley como una ventana mediante quien ver la vida espiritual. Si se detiene con él, perderá lo que importa. Si pasa por él hacia Cristo, recibirá bendición. Si lo usa como guru, se desilusionará. Si lo usa como guía , se complacerá.

Si Wesley pudiera decir a los cristianos contemporáneos algo acerca de la vida espiritual, bien podría ser: «Dios no lo llama a tener un tiempo de devoción; Dios lo llama a vivir una vida de devoción». Una mirada a sus escritos imponentes nos revela que para él la vida de devoción estaba mucho más relacionada a la totalidad de sus experiencias que a momentos específicos de oración. Sin duda alguna, Wesley observó ciertas horas de devoción—¡y lo hizo por más de sesenta años! Pero el definir su vida espiritual sólo por aquellos tiempos se perdería el cuadro completo de su espiritualidad. Para él cada momento era un momento divino, un momento para que Dios se revelara y para que él respondiera. Al comenzar este libro de ejercicios, tendrá muchos momentos para reflexionar personal y profundamente acerca de en su vida espiritual.

Una palabra de advertencia: Uno de los mayores peligros en la formación espiritual contemporánea es la tentación de convertirla en otro programa. Somos tan buenos para hacer esto en la iglesia. Pero si intentamos hacer un evento de la vida espiritual, morirá. Y así debería ser porque reduciríamos la vida de Dios en el alma humana a reglas y reglamentos, manías y énfasis, listas y técnicas. Nos olvidaríamos entonces de la clave que Wesley hubiera querido que recordáramos: La vida espiritual no es una parte de la vida; es la vida misma.

Así que utilice el libro de ejercicios como un medio, no como un fin. Úselo como una oportunidad, no como un departamento. Úselo como una avenida de gracia, no como una medida de madurez. Solamente así conocerá la vida de devoción en la tradición wesleyana.

## El proceso formativo

No se puede programar la formación espiritual, pero sí se le puede dar una dirección. Este libro de ejercicios ha sido preparado para despertar y ayudarle a tener una experiencia formativa. Su formato es contemporáneo, sin embargo, se relaciona a las prácticas antiguas que han comprobado su valor. Cada día se seguirá una senda cuádruple de leer, reflexionar, escribir y relacionarse.

Usted comenzará cada día leyendo un breve texto que resaltará algún aspecto de la vida de devoción en la tradición wesleyana. El propósito de la lectura es que se centre y enfoque en un copioso, pero limitado, aspecto de la vida espiritual. Normalmente revelará algún discernimiento de Wesley, pero el propósito principal es enriquecer su caminata con Dios. Al leer el texto de cada día, constantemente lea más allá de los versículos indicados. Adéntrese en el material; no lo lea solamente como un testimonio de un cristiano que vivió hace más de doscientos años.

Después de la lectura de cada día, varios ejercicios le guiarán a una reflexión personal. Esto es muy parecido a la meditación bíblica, el rumiar y «el caminar alrededor» de un texto hasta que emerge una palabra de Dios particular. Los ejercicios de reflexión fueron preparados para ayudarle a contestar la pregunta: ¿Qué me está diciendo Dios a través de lo que acabo de leer? No haga presión en esto. No trate de hacer que algo suceda. La reflexión no es cosa de magia ni viene automáticamente. En algunos días la «palabra de Dios» personal no surgirá. No importa. De hecho, si hace demasiado esfuerzo para encontrarla, esto sólo servirá para eludírsele más. Relájese. Acepte el vacío cuando ocurra. También es parte del proceso formativo. La verdadera formación espiritual dice: «La palabra de Dios, en el tiempo de Dios, a la manera de Dios». Durante la mayor parte de los días, sin embargo, la fase de la reflexión rendirá alguna impresión significativa. Puede ser una idea o una emoción; no importa. Puede emerger más bien completa en sí o podrá aparecer casi sin forma y fragmentaria; de cualquier manera está bien. El tiempo para escribir está a la mano y éste es el tercer paso en su senda diaria en el libro de ejercicios. Un escritor ha llamado un diario o libro de ejercicios «un receptor de bendiciones». Ése es el propósito de la fase de reflexión. Le provee los medios para almacenar las impresiones para que no se pierdan. Más adelante podrá reflexionar más sobre ellas.

Algunas personas harán sus apuntes en prosa y otras con poesía. Otras dibujarán o escribirán una conversación personal con Dios. Hay muchas maneras de escribir sus impresiones. Use la que mejor le convenga. Emplee su creatividad y experimente con nuevos modos de escribir. Descubrirá por el camino que posee algunos estilos nuevos para reflexionar y anotar sus experiencias con Dios. El escribir es sencillamente la fase en la cual los discernimientos (la «palabra de Dios») se cautivan y se consideran.

La última fase es la de relacionarse. Nos recuerda que no nos acercamos en ningún momento a Dios con las manos vacías. Siempre tenemos algo valioso que compartir. La fase de relacionarse ocurre de dos maneras en este libro de ejercicios. Primero, los ejercicios de cada día le ayudarán a relacionar lo que acaba de experimentar con algún descubrimiento anterior. Véalo como si estuviera agregando eslabones a una cadena. El énfasis de cada día es parte de un cuadro mayor y es progresivo. Al relacionar su descubrimiento actual a sus experiencias anteriores, usted permite que el Espíritu Santo unifique y armonice su crecimiento espirtual. Usted permite que Dios ponga su experiencia en su propio contexto mayor de formación y madurez.

El segundo aspecto de relacionarse es la reunión semanal del grupo. No es necesario formar un grupo para usar este libro, pero espero que lo hará. A esto Juan Wesley lo denominó «conferencia cristiana». El creía que Dios utiliza la comunidad y la interacción para instruirnos en modos que no sucederían si nos quedáramos con las cosas dentro de sí. Al final de cada semana, se sugiere una guía para el grupo. Utilícela como un instrumento para ayudarle, no como una traba para restringirle. Obviamente no tengo ninguna manera de saber cómo Dios habrá obrado en su vida o en la vida de los miembros del grupo. Respete lo que está sucediendo en el grupo para que la presencia dinámica del espíritu no se pierda. A la vez no descuide la guía para el grupo. Algunos grupos permiten demasiada discusión sin limitación y el resultado es el caminar sin rumbo, el marchar desembragado y ¡la dominación por las personas que hablan demasiado! Ponga atención a la siguiente sección titulada «Cómo tener un buen grupo».

Al leer, reflexionar, escribir y relacionarse, creo que encontrará que este proceso de siete semanas es formativo. Será una ocasión para un entrenamiento espiritual positivo que fortalecerá su deseo y su habilidad para acercarse a toda la vida con actitud de devoción. Este libro de ejercicios cobrará vida cuando lo capacite para convertir las enseñanzas de Wesley en un estilo de vivir más que un curso de estudio. ¡Dios le bendiga al anhelar eso sobre todas las cosas!

## Cómo tener un buen grupo

Las experiencias de grupo varían mucho. Porque son medios de gracia, queremos que sean tan positivas y abiertas

al espíritu como sea posible. Los siguientes detalles son para
ayudarle a hacer eso. Si anteriormente no ha dirigido un
grupo pequeño ni ha sido parte de uno, estas pautas son
especialmente importantes. Para todos nosotros, sin
embargo, son valiosos recordatorios de las cosas que nos
ayudan para que el grupo marche bien.

**Primero, tome la actitud de que quiere aprender
de los demás. No hay uno de nosotros y nosotras que
se unan a un grupo** para imponer nuestros puntos de vista
o gustos sobre los demás. Venimos para contribuir, aprender
y crecer. La edificación mutua es una señal de grupos sanos.
Un espíritu de humildad debe caracterizar a cada miembro.
Todos somos estudiantes en la escuela de Cristo. Queremos
experimentar un enriquecimiento personal y queremos tener
el sentido de que el grupo entero está creciendo.

**Segundo, no hable mucho. Una sola persona no
debe dominar la discusión.** A todos se les debe animar a
contribuir ideas y experiencias. No hay comentarios correctos
ni peritos en grupos sanos. Más bien, el espíritu inspira e
informa mediante la totalidad de lo que se comparte. Un
buen grupo es como un rompecabezas; cada pedazo agrega
algo al cuadro total.

**Tercero, esté en disposición de discutir cualquier
idea.** Los grupos animados abren la mente y el corazón de la
gente. Nadie puede pronosticar por completo lo que para el
grupo será de importancia investigar. Esto no quiere decir
que el grupo debe perseguir ideas al azar por todas partes,
pero sí quiere decir que el grupo está abierto y sabe respetar
la necesidad de cualqluier persona para relacionar el proceso
del grupo a algún aspecto significativo de su vida. Esto aun
puede incluir hasta el hacer alguna observación de algunas
ideas algo delicadas o controversiales. Cuando esto suceda,
es importante que no tomen decisiones; sólo están hablando.

**Cuarto, no relate historias largas.** Si su estudio personal lo hace sentir que tiene algo importante que contribuir cuando se reúna el grupo, piense en cómo lo va a compartir en uno o dos minutos. Las personas a veces vienen a los grupos emocionadas para compartir algo, pero porque no han templado esa entusiasmo, se pierden en sus propias historias. Si la experiencia es importante para compartir, es bastante importante meditarla, organizarla y así prepararse para presentarla.

**Quinto, trate el asunto sobre el estilo de dirigir el grupo.** Este libro de ejercicios está preparado para dejar que cada persona sea una posible directora. Las pautas para las reuniones semanales del grupo son bastantes específicas y claras para que cualquiera las pueda seguir. Sin embargo, nadie debe sentirse presionado para dirigir una sesión del grupo. Hable abiertamente acerca de cómo quiere que se hagan los arreglos para la dirección semanal. Su grupo puede sentirse en casa con una persona que ayude a facilitar (no a dominar ni a definir) las sesiones. O, el grupo podrá preferir compartir o alternar la dirección. De cualquier manera, el grupo tiene que estar claro acerca de esto desde el principio para que no se enfrente con la mentalidad de: «¿Quién quiere comenzar?» Alguien debe venir a cada sesión del grupo preparado para comenzar el grupo y guiar a las personas a través de los asuntos—los que se sugieren en el libro de ejercicios o los que puedan surgir de la dinámica del grupo.

**Finalmente, use bien la mayordomía del tiempo.** Créalo o no, el entusiasmo desenfrenado es mortal para la vida del grupo. Puede parecer perfectamente natural excederse de su tiempo cuando algo realmente está sucediendo. Pero el convertirse en un grupo que no sabe cuándo terminar es finalmente destructivo. El antiguo dicho

que es mejor terminar muy pronto que muy tarde se aplica a
los grupos saludables. Es mejor salir con un poco de hambre
que salir ¡sintiéndose harto!

Hay más dinámicas de grupo que éstas, pero las que se
han mencionado son cualidades esenciales para tener una
buena experiencia de grupo. Estas cualidades no deben
imponerse tanto como reglas sino que deben integrarse
naturalmente en el atmósfera de las reuniones semanales.
Efectivamente, el hecho de imprimir las pautas en el libro de
ejercicios dará a cada miembro la oportunidad de verlas y
apreciarlas. Los líderes pueden ser sensibles para ver que se
les está observando. Sobre todo, el Espíritu Santo obrará en
los grupos animados y a través de ellos. Y como descubrirá
más adelante en el libro de ejercicios, el concepto wesleyano
de la «conferencia cristiana» es un medio significativo de
gracia.

## La reunión inicial del grupo

Los grupos trabajan mejor cuando se forman por
personas que sienten tener una necesidad en común para
desarrollarse por caminos mutuamente beneficiosos. No
tienen que conocerse bien, pero sí necesitan estar unidos en
esperanza y en propósito. Asumiendo que usted tiene cuando
menos una persona más (y no más de ocho) que comparten el
deseo de usar este libro de ejercicios como un medio de
formación espiritual, las siguientes ideas se proveen para
guiarle en la primera reunión. Comience entregando los
libros de ejercicios y luego hojéenlos. Juntos querrán leer la
introducción como una manera de centrar al grupo. Deje que
cada persona se sienta confortable con el material. Esté
alerta a cualquier vacilación o ansiedad e invite al grupo a
una discusión honesta y abierta acerca del proceso que están
comenzando. No piense en la posibilidad de que alguien

decida no participar, sino haga bien claro que tal decisión no debe interpretarse como falta de espiritualidad. Es natural que alguien opte por no participar de algunas cosas sin saber un poco más acerca de ellas. La reunión inicial del grupo puede causar que algunos piensen: «Esto no es lo que pensé que iba a ser; no tengo la seguridad de que deba comprometerme a participar».

Explique que cada reunión semanal no durará más de noventa minutos. Haga énfasis en que parte del pacto es comenzar y terminar a tiempo. Esa no es una manera mecánica para limitar el espíritu; es sencillamente un compromiso de buena fe que honra las otras dimensiones y responsabilidades de la vida. Si se pasan del tiempo, asegure a los miembros que aún terminarán a tiempo y determinarán cómo procesar mejor las «bendiciones adicionales» que están ocurriendo. Así como somos fieles con el tiempo, así también confiamos en que Dios nos guiará a saber cómo responder a lo que está pasando en el grupo.

En lugar de presentar un plan que sirve para todos los grupos, vaya a la página 159 («Día siete: La reunión de grupo»). Use este bosquejo para su primera discusión como un ejemplo del tipo de formato que los miembros pueden esperar cada semana. Esto ayudará a los miembros a tener un sentido hacia dónde van así como a tener un sentido de confianza que la dinámica del grupo no es amenazadora. Al progresar por las sesiones, haga claro que todos y cada uno de los comentarios que se hagan en la sesión se guardarán en estricta confianza. Haga la siguiente pregunta y espere una respuesta: «¿Se comprometen a la disciplina de la confidencia como parte de la experiencia del grupo»?» (Si siente que hay vacilación o si hay preguntas acerca de esto, sencillamente señale que la confidencia es una antigua disciplina que algunos grupos han adoptado como parte de su pacto y que Juan Wesley la promovió en las sesiones de grupo.)

En seguida, abra el cuaderno en la página 23 («Día uno: Un hombre de desafíos»). Repase ligeramente esta sección y explique el proceso conforme se vayan familiarizando con el material. Pregunte si el formato está claro. De nuevo, tome su tiempo (sin ir muy lentamente) para que cada quien se sienta en casa con lo que está sucediendo. En la mayoría de los casos, el silencio, las señas con la cabeza o las miradas le darán a conocer que están de acuerdo. Explique que el día uno comienza mañana y el día seis es el día antes de la sesión del grupo. El día siete está destinado para ser un día de descanso, reflexión y preparación para la sesión semanal del grupo de ese día. No se atasque ni tampoco vaya de prisa con la orientación. La meta de la reunión inicial es dejar que las personas sepan que el grupo es seguro, el material es favorable, el liderazgo no es amenazante y el proceso es positivo.

Finalmente, pida a cada persona que escriba los nombres de todos los miembros del grupo dentro de la portada. Use esta lista como un recordatorio para orar el uno por el otro durante la semana. Si usted dirige el grupo, incluya su número de teléfono junto con su nombre para que las personas puedan ponerse en contacto con usted entre sesiones. Informe al grupo que las sesiones semanales no son sesiones de oración como tal, pero que habrá ocasión para presentar peticiones—aunque no haya bastante tiempo para oraciones formales. También haga claro que ninguno tiene que compartir u orar en voz alta como condición para participar en el grupo. El propósito principal no es aprender a orar, sino crecer en gracia.

Esta parte de la sesión inicial debe tomar unos treinta minutos. Lo más probable es que baste una hora para la sesión. Con la media hora que quede, use como quince minutos para que los miembros del grupo le cuenten el momento más feliz en las últimas semanas. Cuando todos los que quieren hablar lo hayan hecho, canten la «Doxología». Use los últimos quince minutos para dejar que los miembros cuenten brevemente sus expectaciones del grupo—por qué están esperando la oportunidad para usar el libro de ejercicios a solas y para reunirse colectivamente. Termine esta hora con una oración de gratitud y pida la dirección de Dios. Puede decir algo como: «Es bueno creer que Dios nos ha traído aquí juntos. Es bueno esperar que nuestras sesiones serán momentos de discernimiento especial y de bendición. Es bueno saber que al caminar, vamos en el amor de Dios, en el nombre de Jesús y en comunión con el Espíritu Santo. Amén».

Al terminar diga algo como esto: «Recuerden que nuestra próxima sesión será _____ en (el lugar) _____ de _____ a _____. Espero verles. Llámenme si tienen alguna pregunta».

# La primera semana

# Juan Wesley:
# Un hombre de devoción

# Un hombre de desafíos

«¡Oh comienza! Aparta un tiempo de cada día para ejercicios de devoción a solas. . . . Ya sea que te guste o no, lee y ora diariamente. Es por tu propia vida; no hay otro camino: de otra manera serás una persona frívola toda tu vida».[1] Estas palabras de Juan Wesley, escritas a uno de sus predicadores itinerantes, muestran la importancia de la vida de devoción. Pero más allá de sus momentos regulares y fijos de devoción observados fielmente por más de sesenta años está el ejemplo desafiante de Wesley de una vida entera vivida en devoción a Dios.

Mucha gente dentro de la tradición wesleyana sabe acerca de su compromiso sostenido por largos años con la vida de devoción a Dios. Sabemos de su costumbre de levantarse temprano y aun hasta podemos estar familiarizados con varias de las obras de devoción que leía; pero frecuentemente ése es el límite de nuestro conocimiento. Como consecuencia, Wesley nos es de poca ayuda concreta mientras luchamos con nuestra propia formación espiritual. Nos sirve más como un héroe que como un guía espiritual.

Es una lástima. La vida de devoción de Wesley puede ser un rico manantial de inspiración y ayuda práctica mientras andamos en busca de nuestro propio crecimiento en la gracia divina. Este libro de ejercicios es un intento para ligar las facetas de la devoción cristiana con el discernimiento que Wesley nos puede proveer. En las próximas siete semanas, se enfocará especificamente en las enseñanzas y el ejemplo de Wesley respecto a los medios de gracia. Los «medios de gracia institucionales y prudenciales» como se les llamaban en los tiempos de Wesley son el centro de la vida de devoción y la formación tradicional espiritual wesleyanas. Tal vez usted las conoce mejor como «las disciplinas espirituales». Sea cual sea el nombre, son las actitudes y las acciones que a Dios le parece bien usar como canales ordinarios y normales para impartir su gracia y madurar nuestra vida. Al usar este libro de ejercicios, tendrá la oportunidad para familiarizarse más con los medios de gracia y, más aun, que mediante ellos pueda especialmente experimentar la presencia y la bendición de Dios.

¡No estamos aquí para venerar a Juan Wesley! El sería la primer persona en exclamar: «¡No lo hagan!» Bien enterado estaba de sus imperfecciones y su titubeante inversión en los medios de gracia. De hecho, con un examen minucioso revisaba los cambios. El desafío de Wesley no está en la exactitud absoluta de sus acciones, sino más bien en la pureza de sus intenciones, que no eran más ni menos que «amarás al Señor tu Dios con todo tu corazón, con toda tu alma y con toda tu mente» (Mateo 22.37).[2] Las prácticas de devoción que Wesley acostumbraba eran únicamente las actividades que lo habilitaban para amar a Dios y a los demás. En nuestro deseo para lograr la formación espiritual, ¡no podríamos tener mejor propósito!

## Reflexionar y escribir

1. Regrese y lea la cita de Wesley que está al principio de lectura de hoy. ¿Qué porción le impresiona más? ¿Por qué cree que ésta le está hablando ahora?

2. ¿Cuál es el significado de la diferencia entre el observar un tiempo de devoción y el vivir una vida de devoción? ¿Qué tipo de devoción describe mejor su actual posición?

3. Wesley descubrió su desafío en cuanto a su devoción en los dos grandes mandamientos (Mateo 22.37-40). ¿Cómo lo desafían estas palabras en su formación espiritual?

4. Si la pureza de intención es una clave para tener una espiritualidad vital, ¿qué espera en realidad de su vida de devoción? ¿Qué se propone hacer para lograrla?

## Relacionarse

En el espacio de más abajo, haga algunos apuntes para recordarle de cuando su vida de devoción le daba más satisfacción. ¿Qué lo causaba? ¿Todavía valen estos mismos motivos o siente que Dios lo está desafiando a renovar su espiritualidad?

# DÍA DOS

## Un hombre realista

Cuando estudiamos la vida de devoción de Wesley, sentimos que estamos siguiendo a un peregrino y compañero en su jornada de fe. Wesley tuvo sus altas y sus bajas exactamente como nosotros. Su vida de devoción no fue perfecta, así como no lo es la nuestra. El cometió un buen número de errores conforme fue avanzando por la vida.

Uno de los errores más gráficos ocurrió alrededor de 1732. La vida de devoción de Wesley dio un giro hacia un riguroso examen de conciencia. Estaba muy preocupado con tomar su propio pulso espiritual. En la parte de atrás de su diario personal[3] de devoción desarrolló un sistema a través del cual podía evaluar su progreso, o más acertadamente, la falta de éste; lo hacía midiendo su vitalidad espiritual con respecto a una lista de preguntas predeterminadas (por ejemplo: «¿He pensado o he hablado mal de otra persona?»). Cada vez que Wesley fallaba en vivir de acuerdo a una de esas preguntas, ponía un punto en la gráfica correspondiente. Al final de la semana sumaba los puntos de cada pregunta. Su sistema lo llevó a enfocarse en sus faltas. ¡Wesley estuvo practicando una vida de devoción derrotista!

Esto debe servirnos de advertencia a nosotros. Es fácil caer dentro de un modelo de devoción que acentúa lo negativo. Este es especialmente el caso, si ya tenemos algunos problemas con una tendencia a tenernos en menos. Esto no quiere decir que cada momento de devoción es placentero y positivo, pero el error funcional de Wesley sirve para instruirnos y así evitar cualquier plan que no permita que se cuente toda la historia. A través del ejemplo de Wesley, y en algunos sistemas de devoción hoy día, podemos ver cuán fácilmente es practicar la primer parte de Santiago 5.16: «Confesaos vuestras ofensas unos a otros» y dejar fuera la última parte: «y orad unos por otros, para que seáis sanados» (VRV).

No deberíamos pasar por alto las áreas negativas de nuestra vida. Dios quiere sanarnos y restaurarnos. Debemos tomar en serio el pecado y el fracaso. Pero el ejemplo de Wesley nos recuerda que la formación espiritual positiva la encontramos, no al simplificar nuestros problemas sino al aplicar a éstos la gracia de Dios. Wesley sólo usó este sistema por un poco más de un año. Pronto hizo a un lado su gráfica de fracasos, reconociendo lo problemático que sería. En nuestra formación espiritual también debemos descubrir un estilo de devoción que acentúe la gracia sanadora.

### Reflexionar y escribir

¿Qué parte de la lectura de hoy le habló más a usted? ¿Por qué cree que esto es importante?

Ayer reflexionó sobre la diferencia significativa entre el tener unos momentos de devoción y el vivir una vida de devoción. ¿Ve algunas maneras de cómo una perspectiva más amplia de una vida de devoción podría haber escatimado a Wesley de lo que anotó en su gráfica durante estos momentos de devoción?

## Relacionarse

¿Ha experimentado alguna vez un período en su vida cuando lo que hacía en sus momentos de devoción no tenía un efecto positivo? ¿Qué hizo para tomar una resolución positiva? ¿Qué descubrió acerca de usted y/o de su modo de devoción a través de dicha experiencia?

## DÍA TRES

# Un hombre de disciplina

El hecho de que Wesley cometió algunos errores en su vida de devoción no lo detuvo para seguir cultivando su relación con Dios. Él sabía que había descubierto el elemento esencial de la vida cristiana y estuvo decidido a cumplir. El testimonio de Wesley es admirable. Las entradas cotidianas en su diario indican que por más de sesenta años practicó fielmente las disciplinas espirituales. Para mayor seguridad, Wesley varió el formato y el contenido de tiempo en tiempo y estaba dispuesto a experimentar cambios en algunos aspectos, pero jamás vaciló en su intención básica de relacionarse con Dios.

Nuevamente, es necesario equilibrar este gran modelo de fidelidad con una nota de realismo. Wesley tuvo tiempos de aridez espiritual, justamente como nosotros también los tenemos. De hecho, tenía un símbolo en su diario para registrar lo que él llamaba el «temple» (fervor) de sus oraciones y otros actos de devoción y muchos días muestran que sus oraciones fueron «frías» e indiferentes. Pero continuó orando sabiendo que eventualmente volverían a ser ardientes y eficaces.

He oído decir a más de una persona: «Bueno, por ahora no estoy sacando mucho provecho de mis momentos de devoción, así que voy a dejarlos por un tiempo hasta que vuelva la vitalidad.» Aunque fácilmente puedo tener empatía con estas personas, he llegado a comprender que esta actitud puede ser espiritualmente desvastadora. Es precisamente durante esos tiempos áridos cuando necesitamos permanecer disciplinados y fieles. De hecho, la verdadera oración nace del sentido de la ausencia de Dios y de nuestra necesidad de la presencia de Dios.[4] Si nos rendimos en los tiempos de aridez y de debilidad, perderemos el gozo de conocer al Dios que viene a nuestro encuentro en nuestra necesidad y fracasaremos en discernir las causas de la aridez. Esto nos llevará a cometer los mismo errores una y otra vez.

Wesley aborda el problema y nos recuerda que no podemos fundamentar nuestra vida de devoción en nuestras emociones. Debemos centrarla en nuestra voluntad; debe nacer de nuestro sentido de necesidad. Nosotros sabemos lo que es el bien y lo hacemos. Confiamos en que Dios proveerá las emociones adecuadas y que no nos entrará el pánico cuando no aparezcan. Aun si no experimentamos emociones, confiamos en que Dios está con nosotros y está obrando en nuestra vida. La disciplina llega a ser el método por el cual nuestra vida de devoción sigue adelante en los tiempos buenos y malos.

## Reflexionar y escribir

¿Cómo le instruye o le inspira el testimonio de fidelidad de Wesley durante los tiempos de aridez?

¿En alguna ocasión ha pensado en analizar el fervor de sus oficios religiosos? ¿Qué beneficios nota? ¿Qué problemas podrían asociarse con esta práctica?

**Relacionarse**

Piense en otros aspectos de su vida en los cuales sigue adelante a pesar de no experimentar emociones positivas. ¿Cómo puede hacerlo? ¿Por qué lo hace? En el espacio abajo escriba sus métodos para arreglárselas cuando tiene que vivir sin emociones sustentadoras. También escriba cómo el hacer esto le convierte en una persona mejor y más fuerte.

# DÍA CUATRO

# Un hombre tolerante

Sin lugar a duda, Wesley fundamentó su vida de devoción en las Sagradas Escrituras. En una ocasión dijo: «Mi fundamento es la Biblia. ¡Sí! Soy un fanático de la Biblia. La sigo en todas las cosas, en las grandes y en las pequeñas»[5]

Continuamente se refirió a sí mismo como *homo unius libri*—
hombre de un solo libro. Con estas palabras Wesley reveló la
piedra de toque y el criterio de su fe. Sin embargo, no se
limitó a si mismo a la lectura de la Biblia. El fundamentarse
en las Sagradas Escrituras le dio un lugar donde colocarse en
su búsqueda de la vida espiritual, pero se sintió libre para
buscar inspiración significativa a lo largo de una amplia
gama de literatura y materiales sobre la devoción. Wesley
conoció las obras clásicas de la vida de devoción y bebió de
fuentes anglicanas, puritanas, moravas, griego-ortodoxas y
católico-romanas. Por lo tanto, su vida de devoción tuvo una
profundidad y una variedad que ninguna fuente por sí sola
podría haberle provisto. Usando la Biblia como centro, Wesley
fue capaz de lograr una productiva síntesis de información
espiritual de todas las diferentes fuentes.

Aquí tenemos otra palabra importante para nuestras
vidas. Demasiada gente se limita a sí misma a una sola
perspectiva en su vida de devoción. Aun más que eso, hay
quienes se han acomodado a una vida de devoción que está
basada en lo que yo llamo «espiritualidad a la moda». Lo que
quiero decir con eso es que gira y está fundamentada en los
libros más recientes de autores populares. Las personas
cristianas tienen una gran necesidad de descubrir la riqueza
del material de devoción que ha surgido a través de los
siglos.[6] En otras palabras, estamos parados sobre los hombros
de gigantes espirituales. Wesley nos desafía a escaparnos de
esa vida de devoción estrecha y a escuchar a los santos de los
siglos, siempre comprobando todas las cosas con la Biblia.

## Reflexionar y escribir

1. ¿En cuáles de las tradiciones mencionadas en la lectura de
   hoy ha encontrado y leído ya las inspiradoras obras
   clásicas de la vida de devoción?

2. ¿Cómo le ayuda la Biblia a evaluar el otro material de la vida de devoción que usa?

## Relacionarse

¿Cómo le ayudan su propia formación espiritual y sus prácticas personales de la vida de devoción a relacionarse a la gran nube de testigos y cómo le brindan un sentido de estar participando en algo que es eterno y de valor? ¿Ha tenido algunas experiencias en el pasado al participar en una tradición ajena a la suya en las que recibió bendición, discernimiento y crecimiento?

# Un hombre comunitario

Wesley jamás permitió que su espiritualidad degenerara en
una religión privada. Siempre que pudo, confraternizó con
otras personas e intercambió discernimientos con ellas. Su
diario está lleno con referencias a que les leyó obras de la vida
de devoción y que discutió con ellas acerca de sus
implicaciones. Las cartas de Wesley son documentos
ilustrativos que muestran cómo guió el progreso espiritual de
los demás y cómo también buscó la dirección de otras personas.

    La preocupación de Wesley por la espiritualidad colectiva
se ve más claramente en su formación de las sociedades donde
la gente podía encontrar el apoyo de un grupo. Estos grupos
llegaron a ser el eje de la vida y del crecimiento del
metodismo. El finado obispo Gerald Ensley observó
atinadamente que Wesley convirtió a la gente por medio de su
predicación y los nutrió por medio de las sociedades.[7] La
predicación de Wesley mas bien se propuso despertar dentro
de las personas su necesidad de Dios y llevarlas al
arrepentimiento. El desarrollo de las sociedades fue el medio
donde se llevó a cabo el proceso vitalicio para hacer discípulos.

    Fue mediante las sociedades también donde Wesley
demostró la dimensión social de la formación espiritual. Para él
era inconcebible que la verdadera devoción pudiera permanecer

individualizada o interiorizada hacia el grupo mismo. La espiritualidad auténtica lo empuja a uno hacia la misión y hacia la vida de santidad social. Las oraciones de Wesley se contaban entre los medios principales usados por Dios para mostrarle que el mundo era su parroquia. Sus acciones a través de las sociedades fueron las obras lógicas de la devoción genuina y del testimonio de la naturaleza comunitaria de la vida de devoción.

## Reflexionar y escribir

1. ¿Qué desafío recibió de la lectura anterior?

2. ¿Por qué es la santidad social un buen testimonio de la realidad de la santidad personal?

## Relacionarse

¿En alguna ocasión ha formado parte de un grupo que vincula el nutrir el espíritu con el prestar servicio? Si es así, utilice el espacio de más abajo para escribir acerca de los beneficios de estar en un grupo como esos. ¿Presiente que Dios quiere que su grupo utilice este libro de ejercicios para vincular el estudio y el prestar servicio? ¿Sabe de algún proyecto que sería significativo para su grupo si lo adoptara durante las semanas que esté usando este libro de ejercicios?

# DÍA SEIS

## Un hombre eclesiástico

A Wesley con frecuencia se le caricaturiza como un malcontento listo para abandonarlo todo. Es importante recordar que él jamás permitió que su espiritualidad personal o la espiritualidad de las sociedades llegaran a ser iglesias substitutas. Se sintió cómodo en el culto regular de la Iglesia de Inglaterra y trató de que los metodistas permanecieran activos en sus respectivas iglesias. Wesley observó fielmente las oraciones matutinas y vespertinas usando *El libro de oración común (The Book of Common Prayer)* como su guía. Recibió la Cena del Señor por lo regular un promedio de una vez cada cuatro o cinco días en un altar anglicano y observó las festividades y los días de ayuno de la iglesia anglicana. En el mejor sentido de la palabra, Wesley fue un hombre eclesiástico.

Él no hizo estas cosas porque creyera que la Iglesia de Inglaterra era una iglesia pura o perfecta. No siguió siendo fiel a la iglesia anglicana porque sintió que sus principios y prácticas fueran irreprochables. No permaneció como anglicano porque todos en la iglesia creyeran como él. Wesley conservó su feligresía por una sola razón: El sabía que el ser cristiano es ser un miembro activo del cuerpo de Cristo. Ninguno puede ser cristiano a solas. La vida de devoción de Wesley nos recuerda que no existe una espiritualidad auténtica independientemente de la iglesia. Dios nos ha llamado a estar en comunión con el resto del pueblo de Dios. Nuestra vida de devoción debe motivarnos hacia esa clase de apoyo del uno por el otro y no debe alejarnos de ella.

Muchos de nosotros hemos hecho votos para sostener la iglesia con nuestras oraciones, nuestra presencia, nuestras ofrendas y nuestro servicio. Nuestra vida de devoción debe ser un medio de fortalecer estas resoluciones y debe motivarnos como miembros de la iglesia a encontrar maneras concretas para dar expresión a estos votos. Wesley nos advertiría de tener cuidado de cualquier vida de devoción que no enriquece nuestro amor por la iglesia.

## Reflexionar y escribir

1. ¿Qué mensaje recibe al saber que Wesley permaneció como miembro fiel de una iglesia de la cual tenía serias dudas y una que sintió tenía defectos en muchas cosas? ¿Qué nos dice su ejemplo acerca de los que van de iglesia a iglesia hoy día?

2. ¿Cuál es el papel de la persona que permanece dentro de una iglesia donde existen problemas e imperfecciones?

## Relacionarse

Piense detenidamente acerca de los votos de sostener la iglesia con sus oraciones, su presencia, sus ofrendas y su servicio y describa cómo da expresión a estos votos en su iglesia local. ¿Está su vida de devoción enriqueciendo estos votos y motivándole a profundizar su expresión de ellos?

## DÍA SIETE

# La reunión de grupo

Este séptimo día está reservado intencionalmente para descanso y reflexión sobre los últimos seis días que usó este libro de ejercicios. Una de las prácticas de la vida de devoción de Wesley fue usar los sábados por la noche para repasar los eventos de la semana anterior y así obtener un cuadro más grande de su desarrollo espiritual. Este cuaderno le pide que haga lo mismo cada séptimo día. El día también está programado para ayudarle a prepararse para participar significativamente en la reunión del grupo. Si su grupo se reúne por la noche del séptimo día, tendrá todo el día para repasar lo que ha experimentado mediante el libro de ejercicios. Si se reúne por la mañana o temprano por la tarde, tal vez tenga que levantarse un poco más temprano el séptimo día para repasar y prepararse. Como quiera que lo haga, está ejerciendo la vida de devoción en la tradición wesleyana al experimentar los beneficios del recuerdo y de la preparación.

Al reunirse para su sesión de grupo, vaya con la preparación para utilizar las siguientes sugerencias como una guía y no como limitaciones. La persona que dirija esta sesión debe ser sensible a la necesidad que cada miembro del grupo tenga para compartir algún nuevo entendimiento de las tareas de la semana pasada. Las siguientes sugerencias son una guía para cualquier semana del estudio.

1. Pida a cada miembro del grupo que cuente algo acerca del día más significativo al usar el libro de ejercicios. La persona líder debe comenzar y sentar ejemplo para este momento de interacción. Relate la razón por la cual es significativo el día escogido.
2. Luego cuente algo acerca de su día más difícil. Relate lo que experimentó y por qué fue tan difícil. Considere la posibilidad de que otros miembros del grupo compartan su misma dificultad o si alguien más puede iluminar la situación.
3. De la mezcla de experiencias significativas y difíciles, permita que todos los que quieran compartan lo que creen es la «palabra de Dios» para la semana. La «palabra de Dios» no es algo mágico o inusitado. Sencillamente es la

impresión que cada persona siente es la más personal e importante. Puede ser una palabra de consuelo o de desafío o un consejo. Considérelo como la crema de la leche que sube a la superficie. Dé tiempo para que todos compartan.

4. Cierre la sesión del grupo con oración. No espere ni exija que todos oren en voz alta, de cierta manera o en cierto orden. Recuerde lo que se dijo en la introducción. El uso de este libro de ejercicios no está directamente relacionado con un culto de oración. Queremos establecer un ambiente de oración, pero no estamos aquí para aprender a orar. La manera más provechosa para hacer esto es sencillamente preguntar si algún miembro del grupo tiene alguna petición. Según vayan respondiendo las personas, animeles a cada una a que escriba las peticiones. Luego cuando todas las personas que así lo deseen hayan expresado sus peticiones, pida al grupo que guarden silencio y que oren en silencio en su corazón por las peticiones. El orar en silencio es una acción especialmente oportuna para un grupo como éste ya que la mayor parte del tiempo la habrán pasado hablando. El silencio sagrado de la oración de despedida es una buena manera para «Estad quietos y conoced que yo soy Dios».

Después de un tiempo razonable de silencio intercesor, quien dirige debe invitar a cada miembro del grupo a reflexionar sobre las impresiones que le han venido de Dios, pidiendo al Señor que haga una realidad en su vida ese nuevo entendimiento. Nuevamente, permita un tiempo de silencio mientras cada persona ora. Para terminar guíe al grupo en oraciones de bendición. La persona líder debe mencionar el nombre de uno de los miembros del grupo. Luego pida a todos los demás miembros del grupo que miren a esa persona y oren al unísono: «Oh Dios, bendice a _____». Repítase el mismo proceso por cada persona.

Cuando todas las personas hayan recibido una oración de bendición, quien está dirigiendo puede terminar la sesión diciendo: «Asegurados de la bendición de Dios en nuestra vida, vayamos en paz. Amén».

## Notas

1. John Telford, ed., *The Letters of the Rev. John Wesley* (1931; reimpresión, London, Epworth, 1960), 4:103.
2. Las referencias a la Biblia, a menos que se indique otra cosa, son traducción libre del inglés usado en la obra de Juan Wesley y su *Explanatory Notes Upon the New Testament* (1954, reprint, Naperville, IL: Allenson, 1966).
3. El diario personal de Wesley no debe ser confundido con su diario publicado. Éste último aparece en sus obras publicadas. El diario personal ya está al alcance en la nueva edición (bicentenaria) Abingdon de las *Obras* de Wesley.
4. Theodore W. Jennings, *Life as Worship: Prayer and Praise in Jesus' Name* (Grand Rapids, Eerdmans, 1982), páginas 23-30.
5. Nehemiah Curnock, ed., *The Journal of the Rev. John Wesley* (1909, reimpresión, Londres, Epworth, 1938), 5:169.
6. Una de las mejores maneras para examinar los tesoros históricos de la vida de devoción es mediante *The Upper Room Devotional Classics* y la guía de estudio que lo acompaña. Se puede conseguir de The Upper Room: Upper Room Books, Book Order Dept., P. O. Box 856, Nashville, TN 37202-9719. O llame gratis al teléfono 1-800-972-0433.
7. Francis Gerald Ensley, *John Wesley Evangelist* (Nashville, Abingdon, 1970), 47.

# La segunda
## semana

# La constante compañía
# con Cristo

# Todo el día

Damos un paso gigante hacia adelante en la devoción
cristiana cuando la vemos más como una vida para ser vivida
que un tiempo para ser observado. Por lo tanto, es más
apropiado hablar de una vida de devoción que de un tiempo
de devoción. Cuando estudiamos la espiritualidad de Wesley,
vemos esto manifestarse fuerte y claramente. Él jamás
dividió su vida en departamentos. Para él la esencia de la
vida era espiritual y toda la vida podría ser correctamente
considerada como devoción.

Durante la época actual Henri Nouwen expresó la
misma idea en estas palabras: «Si no puedo encontrar a Dios
en medio de mi trabajo—donde están realmente mis
preocupaciones e inquietudes, mis dolores y goces—no tiene
ningún sentido tratar de encontrarlo en las horas libres a la
periferia de mi vida. Si mi vida espiritual no puede
desarrollarse y profundizarse en medio de mi ministerio,
¿cómo podrá desarrollarse en las orillas?[1]»

Ésta es una buena pregunta que todos necesitamos
considerar. Mucha gente ha sido instruída en el concepto de
que las prácticas de la vida de devoción se llevan a cabo
durante los primeros momentos del día y los últimos minutos
de la noche. Los folletos de la vida de devoción a veces son

preparados para decirnos cómo emplear dichos minutos de cada día. A la vez que sea apropiado tener un momento a solas con Dios al principio y al fin del día, no debemos considerar ese tiempo como si fuera equivalente a la vida de devoción o como si fuera algo separado del resto de nuestro día.

Juan Wesley buscó algunas maneras de dar expresión a su vida espiritual durante todo el día y encontró su camino en lo que llamó los medios de gracia. Estos medios eran las disciplinas espirituales que la gente usaba para expresar su fe y recibir la gracia de Dios; estaban divididos en dos categorías: los medios de gracia instituídos y los medios de gracia prudenciales.[2] Los medios de gracia instituídos eran aquellas disciplinas que eran evidentes en la vida y en las enseñanzas de Jesús. Los medios de gracia prudenciales eran aquellos que la iglesia había desarrollado para dar mayor orden y expresión a la vida cristiana. Juntos ambos medios capacitan a la persona para vivir una vida de devoción. El resto de este libro de ejercicios se concentrará en examinar estos medios de gracia y en aplicarlos a nuestra vida. No obstante, antes de entrar en los detalles, es importante que captemos bien la magnitud de la vida de devoción.

## Reflexionar y escribir

1. ¿Cómo refleja su actual práctica la magnitud de la vida de devoción o cómo deja de reflejarla?

2. ¿Le imparte nueva luz la frase «medios de gracia» en su entendimiento de las disciplinas espirituales?

3. ¿Qué trata de proporcionarnos Dios a través de la vida de devoción? ¿Por qué es importante?

## Relacionarse

Examine el material de la vida de devoción que está usando. ¿De qué manera le invita a una vida de devoción?

DÍA DOS

# La oración privada y comunitaria

Para Wesley el principal medio de gracia instituído fue la oración. No es una exageración decir que vivió para orar y oró para vivir. Llamó la oración «el gran medio para acercarse a Dios».[3] La oración tenía esta importancia porque Wesley entendió la fe cristiana como una vida vivida en relación a Dios a través de Jesucristo. La oración era la clave para mantener y mejorar esa relación. Fue el don de Dios a la humanidad para ayudar y mejorar esa relación. Además, la falta de oración fue vista por Wesley como la causa más común de la aridez espiritual.[4] Nada podría substituir la oración para mantener la vida espiritual.

El corazón de la vida de oración de Wesley fue orar en privado. Creía que al orar en privado la persona esperaba con espíritu de quietud para recibir las bendiciones de Dios.[5] De acuerdo con esto, comenzaba su día con oración. Mucho se ha dicho acerca del hábito de Wesley de levantarse temprano, por lo general a las 4:30—5:00 A.M. Aunque es cierto que hizo esto por más de cincuenta años, también es necesario recordar que generalmente no se iba a dormir después de las 10 P.M. En otras palabras, tuvo cuidado de dar atención a sus necesidades físicas (como el sueño) así como a las necesidades del alma. El principio estriba no tanto en una hora específica de levantarse como en el hecho de que Wesley dirigía sus primeros pensamientos a Dios. Él sabía que el poner la mente en Dios desde temprano podía crear una conciencia de lo divino que permanecería con él durante todo el día.

Además de estos momentos a solas con Dios, practicaba la oración comunitaria. Cuando podía, Wesley se unía a otros cristianos para orar. Esto podría ser el reunirse con varios amigos o compañeros de viaje antes o después del desayuno o con frecuencia significaba el ir a una iglesia a orar usando el «Orden para la oración matutina» del *Libro de oración común*. Esto era más que sencillamente cumplir con una obligación anglicana; era su convicción que cada uno de los medios de gracia tiene tanto su expresión privada como pública. Además, Wesley creyó que había discernimientos, experiencias y bendiciones obtenibles en un grupo que no ocurren cuando se está a solas. La vida de oración de Wesley era una de armonía entre lo que él hacía cuando estaba solo y lo que hacía cuando estaba con otras personas.

Al examinar la vida de oración de Wesley, naturalmente surge la pregunta cómo pasaba ese tiempo. Debemos tener cuidado de no considerar sus prácticas específicas como acciones para imitar, sino más bien verlas como ilustraciones para inspirar nuestra propia fidelidad y creatividad. Como podría esperarse, Wesley era un hombre metódico en su vida de oración. Usaba un modelo semanal, asignando un tema determinado cada día.[6] Usó el *Libro de oración común* como la base para la oración, allanando así su vida de oración a través del uso de oraciones escritas que coleccionó de una gran variedad de fuentes. A la vez, estableció la espontaneidad en su orar al insertar paréntesis en los lugares donde quería ir más allá del texto y orar con sus propias palabras acerca de asuntos afines. Al usar un modelo regular, podía aludir a aquellas cosas que significaban más para él. Al usar oraciones escritas, pudo mantener sus oraciones enfocadas y a la vez daba lugar a la flexibilidad.

Wesley también oró durante todo el día. Disciplinó su mente a orar cada hora y a medir el grado de su devoción a la vez. Su diario está lleno de miles de referencias a tales oraciones. (Usaba la letra « p » cuando oraba en privado.) Estas oraciones por lo general eran oraciones breves, de una frase («jaculatoria»). Esta era la manera de Wesley para presentar toda su vida ante Dios. Recuerde, Wesley no era ningún ermitaño. Oró de esta manera durante el trayecto normal de su vida. Es obvio que no se retiró a cada hora para orar; más bien desarrolló el hábito internamente. Se disciplinó a estar completamente atento a sus circunstancias mientras se entregaba por completo a Dios en la oración. De esta manera practicó el principio de «orar sin cesar» recomendado por el apóstol Pablo en 1 Ts 5.17.

Wesley terminó su día con oración. Esta disciplina le dio un sentido de clausura y compromiso. Cuando era posible, se reunió con otras personas para observar el « Orden de la oración vespertina» del *Libro de oración común*. Más tarde por la noche usó otras oraciones escritas (acompañadas de la espontaneidad) como lo hacía por las mañanas. Pero el propósito general fue diferente. Utilizó las mañanas para prepararse para el día y la noche para repasar los acontecimientos del día. Se confesó apropiadamente por cualquier pecado cometido e hizo resoluciones sinceras para mejorar su vida en el nuevo día que amanecería después de dormir. Terminó sus oraciones vespertinas como muchos santos de antaño lo habían hecho, encomendando su alma a Dios. Declaró que al hacer esto pudo dormir tranquilamente todos los días de su vida.

Wesley oró privada y comunitariamente. Estos eran los momentos maravillosos divinos que dieron a su vida su genio y su fortaleza. Al extenderlos a través del día, traía a la memoria que cada momento es un tiempo sagrado con Dios. En el mejor sentido del canto antiguo, Dios jamás estuvo más allá «¡de una oración!»

## Reflexionar y escribir

1. ¿Qué principios en la lectura de hoy le impresionan como los más importantes?

2. ¿Qué prácticas de Wesley modificaría en su propia vida de oración para que sus oraciones fueran más correlativas y completas?

## Relacionarse

Frank Laubach habló y escribió acerca de «las oraciones tipo destello». Éstas son esencialmente las mismas oraciones de Wesley de hora en hora. ¿Qué experiencias ha tenido con esta manera de orar? ¿Cómo ha afectado esto su vida de oración en general? Si éste es un nuevo pensamiento para usted, utilice el resto de los días de esta semana para ver de cuántas maneras puede hacer uso de oraciones breves a través del día.

## DÍA TRES

# Audible y en silencio

Wesley oró audible y meditativamente. Oró en voz alta, a solas y en grupo. Una vez más el *Libro de oración común* le sirvió bien al orar en tales situaciones así como numerosos otros manuales sobre la vida de devoción y devocionarios. Su diario muestra que frecuentemente le gustó combinar la oración verbal con el canto de himnos. Como otros anteriormente, consideró que la himnología era una forma de oración. Creía que el espíritu de la piedad y el espíritu de la poesía estaban estrechamente relacionados y que los himnos eran «un medio de levantar o avivar el espíritu de la devoción».[7] Ya fuera hablada o cantada, la oración audible le permitió a Wesley conversar con Dios con su voz verdadera, junto con las emociones y entonaciones que acompañan el orar en voz alta. Estando en un grupo, tal oración obviamente permitía a los participantes orar de tal manera que eran incluídos en las oraciones del uno y del otro.

Pero Wesley también conoció el valor del silencio. Su diario revela que gran parte de sus oraciones fueron elevadas a través de la vía de la voz interior. La oración mental le brindó la libertad de orar en todo momento y en diferentes circunstancias. Éste fue el secreto de su habilidad de ejercer su devoción de hora tras hora. Un vistazo a los clásicos de la vida de devoción que leyó muestra que Wesley estaba familiarizado con la oración meditativa y contemplativa. Mediante su uso de la oración meditativa, gozó de una profunda comunión con Dios—la elevación de su corazón y el vertimiento de su alma. Además, la oración en silencio era una protección contra la oración hipócrita—esto es, orando para ser vistos y oídos por los demás. Jesús había condenado esta clase de oraciones y Wesley también quería protegerse contra lo mismo. La oración meditativa lo rescató de este error.

Tomadas juntas, la oración audible y la meditativa además muestran la variedad de oraciones que tenemos a nuestro alcance. Como Wesley podemos conocer la libertad de orar en cualquiera de las dos maneras. Por un lado, podemos conocer el gozo de orar en voz alta aun cuando estemos a solas; y por el otro lado, podemos experimentar la libertad de orar meditativamente aun cuando otras personas en un grupo están orando audiblemente. No tenemos que limitarnos a usar cierto tipo de oración en ciertos ambientes dados. Al contrario, tenemos la libertad en la oración para expresar los anhelos de nuestro corazón de la manera más significativa para nuestras vidas en cualquier tiempo dado.

## Reflexionar y escribir

1  ¿Qué tipo de oración prefiere? ¿Por qué?

2. ¿Qué clase de material sobre la vida de devoción ha encontrado útil para adiestrarle y ayudarle con su preferencia?

3. ¿Qué siente que necesita aprender acerca de las otras
   clases de oraciones?

## Relacionarse

Recuerde las veces en su vida cuando ha orado en voz
alta, cuando estaba a solas, y las veces cuando ha orado
meditativamente al estar en un grupo. ¿Cómo se sintió al
hacer esto? ¿Qué ha aprendido como resultado de esto?

# Toda la gama de la oración

Wesley expresó toda la gama de la oración. Alabó, se
confesó, dio gracias, intercedió por otros y dio a conocer sus

propias peticiones delante de Dios. Al practicar esta clase de oraciones, también le dio expresión a toda la gama de emociones: gozo, pesar, compasión, preocupación, confianza, confusión, ansiedad y otras más. Uno de los rasgos más impresionantes de sus oraciones era la honestidad. Con frecuencia Wesley desnudaba su alma delante de Dios a través de sus dudas, preguntas y llantos de angustia.

Uno de los ejemplos más conmovedores sucedió en Georgia cuando descubrió que Sophie Hopkey había decidido casarse con otro hombre. Wesley había demorado en su decisión: si pedirle o no a Sophie que se casara con él. Sintiendo que ya había esperado bastante tiempo, ella aceptó la declaración de amor de otro hombre. Cuando a Wesley le llegó la noticia, salió al jardín notando que trató de orar. ¡Pero no pudo! En ese momento Dios parecía estar fuera de su alcance y no trató de encubrir sus sentimientos con palabras piadosas y artificiales. Más bien, vertió su corazón a Dios con palabras que revelan la profundidad de su angustia.

Por consiguiente, las oraciones de Wesley tienen el tono de la realidad. Cuando ora con calor y afecto, podemos saber que es genuino. Igualmente, cuando asienta que sus oraciones son frías e indiferentes, podemos identificarnos con él. En ambas dimensiones tenemos una guía realista. De él aprendemos que ninguna emoción es prohibida en la oración. De él descubrimos la disponibilidad y la importancia de la oración en cualquier situación. Las oraciones de Wesley reflejan el sentimiento del salmista: «Si subiera a los cielos, allí estás tú; y si en el seol hiciera mi estrado, allí estás tú». (139.8)

## Reflexionar y escribir

Piense acerca del modelo de la oracón ACAS (adoración, confesión, acción de gracias y súplica). ¿Qué aspectos de la vida le capacitan las diferentes clases de oraciones para acercarse y relacionarse?

Al examinar toda su vida de oración, ¿cuál de los elementos en el modelo ACAS ha descubierto que utiliza más? ¿Hay alguno que no ha recibido el énfasis adecuado o la expresión justa?

## Relacionarse

¿Ha habido algún momento en su vida cuando, como Wesley, no pudo orar? ¿Por qué no pudo orar? ¿Puede orar ahora acerca de esas circunstancias? ¿Cómo llegó al punto de poder orar y llevárselo a Dios en oración? O, si todavía no puede orar acerca de ello, ¿qué le impide hacerlo?

## DÍA CINCO

# Estudiante de la oración

Si en algún tiempo hubo un estudiante de la oración, ése fue Juan Wesley. Leyó cientos y cientos de oraciones; las estudió cuidadosamente y aun las utilizó como sus propias oraciones. Coleccionó las oraciones de otras personas así como quienes hoy día coleccionan sellos postales. A veces copiaba las oraciones por completo; en otras, las condensaba, tomando aquella porción que para él era la más significativa.

Wesley coleccionó las oraciones de personas bien conocidas como Jeremy Taylor o William Law; pero a la vez fue tan probable que incluyera las oraciones de cristianos anónimos o de sus propios amigos y colegas. *Sin consideración de la fuente*, Wesley utilizó los discernimientos de otras personas para seguir adelante en su vida espiritual. Cuando la gente venía buscando ayuda para su vida de oración, Wesley generalmente compartía estas oraciones con ella. De hecho, su primera publicación fue «Una colección de formas de la oración para cada día de la semana,» (*A Collection of Forms of Prayer for Every Day in the Week*) [1733], que era una versión más breve de las oraciones que había estado coleccionando y utilizando durante siete u ocho años. En su forma ya publicada esta colección también reflejó el modelo semanal de oraciones que él usó y encomendó a otras personas.

Aquí tenemos otro principio para nosotros hoy. Necesitamos familiarizarnos con los clásicos de la vida de devoción, especialmente con las oraciones de los santos. Cuando lo hacemos, descubrimos que no estamos solos en nuestro peregrinaje espiritual. Otras personas han compartido victorias y derrotas similares. Han hecho nuestras mismas preguntas, sentido nuestro dolor y experimentado nuestras bendiciones. Además, la manera como oran es un modelo para que aprendamos cómo orar. En efecto, Wesley nos está enseñando que si examinamos las buenas oraciones fijándonos en su lenguaje y sus temas, ya estaremos en el buen camino para aprender cómo orar bien.

## Reflexionar y escribir

1. ¿Tiene algunos devocionarios? Si es así, úselos por un tiempo para ver qué puede aprender al examinar y utilizar las oraciones de otras personas como una guía para sus propias oraciones.
2. ¿Cómo se siente acerca de la idea de un ciclo semanal en su vida de oración? ¿Cómo haría esto más manejable su lista de oración?

## Relacionarse

G. Ernest Thomas echó mano de las oraciones de otras personas como una medida para animar a la gente a vencer su temor de orar dentro de un grupo. En cada reunión tenía devocionarios a la disposición de las personas. A aquellos que aun no se sentían cómodos al orar con sus propias palabras, les pedía que seleccionaran una oración de uno de los libros. Cuando llegaba su turno para orar, sencillamente leían en voz alta la oración seleccionada. Thomas se dio cuenta que estas oraciones no tan sólo eran significativas en sí, sino que también llegaron a ser puentes sobre los cuales las personas vacilantes podían caminar para comenzar a orar dentro del grupo. ¿Por qué no seguir el ejemplo de Thomas en su grupo por un tiempo, no sólo para animar a quienes sienten temor, sino también como un experimento. ¿Cómo pueden las oraciones de los demás en verdad enriquecer y guiarle en su vida de oración?

## DÍA SEIS

# Dios puede ser conocido

Quizás más que cualquier otra cosa, la vida de oración de Wesley confirma que Dios puede ser conocido. Seguramente jamás podremos sondear las profundidades de Dios ni entender todos los caminos de Dios. Siempre experimentaremos el misterio y los prodigios, los cuales se ponen en equilibrio con el encuentro y la comunión que Wesley buscó y encontró en su vida de oración. Él desearía lo mismo para nuestras vidas hoy.

En sus *Notas explicatorias sobre el Nuevo Testamento (Explanatory Notes Upon the New Testament)* Wesley ofreció un comentario más extenso sobre el Padre Nuestro. Haciendo resaltar la frase «Padre nuestro», él indicó que la presencia de Dios está en el cielo, pero no exclusivamente allí ya que Dios también está en la tierra.[8] Una de las verdades más grandes en todo el mundo es que Dios ha tomado la iniciativa para alcanzarnos. Lo llamamos revelación. La oración es nuestra reacción a la autorevelación de Dios. Podemos decir junto con C. Austin Miles: «Él conmigo está, puedo oír su voz, y que suyo, dice, seré; y el encanto que hallo en él allí, con nadie tener podré».

La oración no se propone ser un tipo de obra compleja. Dios quiere que sea una interacción alegre entre nuestro espíritu y el Espíritu Santo. Dios no se esconde, aunque a veces tenemos dificultad para discernir la presencia divina. Dios es una persona en el sentido de poseer cualidades de la personalidad que tenemos como seres humanos, y Dios puede ser conocido. La oración es el don maravilloso que nos ayuda a conocer a Dios. La vida de Wesley y sus anotaciones en sus diarios y cartas (sin decir nada de sus sermones y otras publicaciones) son un testimonio de sesenta y seis años a la promesa de Jeremías: «Me buscaréis y me hallaréis, porque me buscaréis de todo vuestro corazón. Seré hallado por vosotros, dice Jehová» (Jer. 29.13-14).

## Reflexionar y escribir

1. ¿Cómo ha conocido a Dios mediante la oración? ¿Qué paralelo tiene su experiencia de oración con la de Wesley?

2. ¿Qué experiencias ha tenido en la oración que le capacitan para decir: «Él conmigo está, puedo oír su voz . . .»?

## Relacionarse

Vuelva atrás en su pensamiento, tal vez a su niñez. ¿Ha

conocido a personas que vivieron una vida saturada de oración?
¿Recuerda qué cualidades tenían? ¿Qué características quisiera
usted ejemplificar en su propia vida para que otras personas
lo/la recuerden a usted y su vida de oración?

# La reunión de grupo

Ya han pasado dos semanas desde que comenzó a examinar la
espiritualidad wesleyana y su desarrollo durante este tiempo.
¿Cómo le está yendo? Si usted es como yo, habrá descubierto
que algunos días son mejores que otros—que la experiencia ha
sido un poco desigual. Es posible que hasta haya saltado
algunos días y luego haya tratado de ponerse al corriente. ¡No
se desanime! La meta de esta experiencia no es un
cumplimiento perfecto, sino una atención concienzuda a
aquellas cosas que ocasionará el desarrollo en su vida.

Al prepararse para la reunión del grupo, no se preocupe
de que tenga que rendir informe de ciertos logros específicos.
Relájese y deje que su mente y su corazón repasen lo que ha
sucedido durante estas dos semanas. Permita que el Espíritu

Santo realice esas porciones de su experiencia que le capacitarán para compartir positiva y productivamente. Los demás están haciendo lo mismo y Dios irá a su encuentro cuando se reúnan juntos. Usando las palabras de Wesley, ustedes son un grupo de pacto comprometido a «velar el uno por el otro con amor».

Recuerde, las sugerencias para la primera reunión de grupo también pueden llevarse a cabo en cualquiera de las reuniones subsiguientes. De hecho, el franco compartir acerca de nuestros mejores días y los más difíciles con frecuencia es todo lo que se necesita para que la sesión del grupo sea significativa. Además, de este modelo general, sin embargo, tome en cuenta las siguientes posibilidades adicionales para la sesión de hoy—recordando que no está bajo ninguna presión para incluir todas las ideas mencionadas.

1. Comience su sesión con una breve oración por la persona que dirige el grupo dando gracias por la oportunidad de estar juntos. Dios ya ha sido benevolente al hacer posible que ustedes estén presentes. Celebren esa realidad y busquen la presencia de Dios para el resto de la sesión.

2. Venga a la sesión con un pasaje significativo de una plegaria de la Biblia. Aunque Juan Wesley es el enfoque de nuestro estudio, la Biblia es la fuente inspirada. Pase tiempo hoy seleccionando una plegaria bíblica y reflexionando en la importancia que ésta tiene en su vida.

3. Traiga un devocionario significativo a la sesión. Puede ser un libro propiamente de oraciones o un libro acerca de la oración que le ha inspirado y mantenido al tanto de su peregrinaje. Recuerde que el día cinco vimos el ejemplo de G. Ernest Thomas de enseñar a la gente a orar mediante la lectura de oraciones significativas. Quizás usted tenga una oración, o algo parecido, que ha sido importante para usted. No hay nada como

«mostrar y contar» para personalizar y hacer tangible la clase de oraciones que hemos estudiado esta semana.

4. Termine la sesión con una oración. Además de la combinación de oraciones audibles y meditativas, escriba el nombre de cada persona en una hoja de papel y luego reparta los nombres entre el grupo. El nombre que le toque puede ser su compañero o compañera de oración durante la tercera semana del estudio. Antes de despedirse, oren juntos usando el Padre Nuestro.

## Notas

1. Henri J. M. Nouwen, *Creative Ministry* (Garden City, NY: Doubleday, 1971), xviii.
2. Thomas Jackson, ed., *The Works of John Wesley* (Grand Rapids: Baker Book House, 1979) 8:322-24. Hasta que se termine la edición bicentenaria de las Obras de Wesley , la edición Jackson sigue siendo la autoridad histórica. De ser posible, citaré ambas ediciones, ya sea como «Jackson» o como la «bicentenaria».
3. Telford, *Letters*, 4:90.
4. Jackson, *Works* 6:81 y Bicentenaria, *Works* 2:209. Sermón: «The Wilderness State».
5. Jackson, *Works* 5:192 y Bicentenaria, *Works* 1:386. Sermón: «The Means of Grace».
6. Jackson, *Works* 11:203-37. Su «Collection of Forms of Prayer for Every Day in the Week» fue la primera publicación de Wesley (1733) y muestra la importancia que le dio a este modelo semanal.
7. Bicentenaria, Obras 7:75. *The Preface to a Collection of Hymns for the Use of the People Called Methodist* (1779).
8. John Wesley, *Explanatory Notes Upon the New Testament* Naperville, IL: Alex R.. Allenson, Inc., 1966), 37. Wesley originalmente publicó estas Notas en 1755. Han sido las normas para la doctrina y para la vida de devoción desde entonces.

# La tercera semana

## La palabra que basta

# Día uno

## Una base objetiva

La vida espiritual debe tener una base objetiva. Las revelaciones privadas deben ser escrudiñadas frente a una norma reconocida y establecida. Para ponerlo en lenguaje bíblico, debemos probar «los espíritus si son de Dios» (1 Juan 4.1). El dejar de hacer esto, en ocasiones tiene como resultado historias trágicas y sucesos grotescos. Recordaremos por largo tiempo el incidente de Jonestown en 1978 como un ejemplo clásico de una espiritualidad errada y maníaca. Jim Jones, el líder de la secta de People's Temple, llevó a más de 900 personas hacia el suicidio en masa en Jonestown, Guyana.

Juan Wesley sabía que una norma objetiva era necesaria para la espiritualidad genuina. Para él, esa norma fue la Biblia. Aunque Wesley leyó cientos de libros acerca de una amplia variedad de temas, él estuvo comprometido a la centralidad y la autoridad de las Sagradas Escrituras. Como se dijo en la primera semana, continuamente se refería a sí mismo como homo unius libri—un hombre de un solo libro. Aun cuando publicó aproximadamente seiscientas obras sobre diferentes temas, decididamente sostuvo que no permitiría otra regla, de fe o de práctica, que no fuera las Santas Escrituras.[1] En el prefacio a sus *Sermones (Standard*

*Sermons)*, Wesley exclama: «¡Oh dadme ese libro! ¡A cualquier precio, dadme el libro de Dios! . . . ahí hay conocimiento suficiente para mí.»[2]

Wesley confirmó esta exclamación con un asombroso ejemplo de fidelidad al estudio de la Biblia. Por sesenta y cinco años la Biblia fue su diaria compañía en la vida de la fe; fue su guía principal para vivir una vida santa. Como herederos de Wesley, necesitamos afirmar claramente la autoridad de las Escrituras, no como una fuente entre otras, sino como la norma para el pensamiento y la conducta cristianos. Necesitamos dar a conocer que la Biblia es la norma mediante la cual los resultados de la tradición, la razón y la experiencia se verifican.[3] Necesitamos estar arraigados en la Biblia.

## Reflexionar y escribir

1. En una época pluralista y de diversas religiones, ¿por qué es necesario «probad los espíritus»? ¿Cómo comenzamos a llevarlo a cabo?

2. Usando la Biblia como norma, Wesley integró el mensaje bíblico a la tradición, la razón y la experiencia. ¿Como enriquecen estos elementos su entendimiento de las Escrituras?

## Relacionarse

En el espacio de más abajo escriba acerca de una experiencia en su vida cuando usted, como Wesley, tuvo una hambre intensa por la palabra—una ocasión cuando hubiera exclamado: «¡Oh dadme ese libro!»

# La lectura devota

Debemos recordar que para Wesley el valor principal de la Escritura no fue su uso como una norma fría y sin poder. Más bien, vio el valor primordial en su habilidad inimitable para llevar al hombre y a la mujer a un encuentro con Dios Todopoderoso. Por lo tanto, podemos decir que el valor principal de la Escritura es para la vida de devoción. Necesitamos considerar cómo nos acercamos a la Biblia, así como también debemos examinar lo que encontramos cuando la abrimos.

Podemos aprender de Wesley en este sentido. Vemos, por ejemplo, que leyó la Biblia devotamente. Leyó la Biblia para encontrar a Dios, para escuchar a Dios, y para responder a Dios. Por consiguiente, la leyó sin precipitarse y la leyó reverentemente. Escribió: «Aquí estoy entonces, dejado de los atareados caminos de los hombres. Me siento aquí yo solo: solamente Dios está aquí. En su presencia abro y leo su libro; con este solo fin: el de encontrar el camino al cielo.»[4]

Para asegurarse de que su tiempo de estudio bíblico no fuera precipitado, Wesley escogió las primeras horas de la mañana y las horas silenciosas de la noche. Estas horas le permitieron el espacio suficiente para meditar en lo que leía. Su objetivo principal al leer fue la calidad, no la cantidad. Wesley normalmente leía un capítulo en cada sentada, pero algunas veces leía solamente unos cuantos versículos. Su deseo era encontrar a Dios y cuando lo hacía así, la cantidad que leía no era el punto más importante. Con respecto a este asunto, Wesley nos recuerda que no podemos leer significativamente la Biblia a la carrera. El estar a solas con Dios y con la palabra de Dios requiere un tiempo dedicado exclusivamente para eso junto con una actitud de reverencia y atención.

## Reflexionar y escribir

1. ¿Le presentan un desafío las palabras de Wesley de que leía la Biblia «alejado de los atareados caminos de los hombres»? ¿Le ofrecen alguna idea de lo que esto significaría en la rutina de su vida?

2. ¿Qué discernimiento o dirección recibe al saber que el objetivo de la lectura bíblica es calidad, no cantidad— encontrar a Dios, no sólo leer acerca de Dios?

**Relacionarse**

¿Le está capacitando su actual método de leer la Biblia para «encontrar el camino al cielo»? Si es así, escriba en seguida cómo lo está haciendo. Si no es así, utilice el siguiente espacio para pensar de qué maneras puede modificar su lectura para lograr mejor este fin.

DÍA TRES

## La lectura sistemática

Wesley leyó la Biblia sistemáticamente. Por lo general, su práctica fue la de seguir la tabla de lecturas en el *Libro de oración común*. Usándola pudo leer todo el Antiguo Testamento una vez al año y varias veces el Nuevo Testamento. Esta estrategia también le permitió a Wesley leer contextualmente más que al azar. Él creía que los cristianos y las cristianas deberían conocer «todo el consejo de Dios». Y lo ejemplificó leyendo el Antiguo y el Nuevo Testamento tanto como los libros apócrifos.

Sería erróneo, sin embargo, pensar que Wesley solamente buscaba experiencias cuando leía la Biblia devotamente. También quería conocer la palabra de Dios. No veía ninguna dicotomía entre el estudio erudito de la Biblia y la lectura para el enriquecimiento espiritual. Cualquier información o discernimiento nuevo era inspiración promovida por Dios y la recibía como tal. Wesley también trajo a la lectura de las Escrituras un conocimiento de las lenguas originales y los mejores medios de estudio de sus tiempos.

Wesley demostró su preocupación por el conocimiento bíblico al preparar las *Notas Explicatorias (Explanatory Notes)* para el Antiguo y el Nuevo Testamento.[5] Estas notas fueron tomadas en gran parte de los escritos de otras personas, pero representan las perspectivas de Wesley sobre los textos seleccionados. Dijo que preparó las notas para «hombres sencillos, iletrados . . . que . . . veneran y aman la Palabra de Dios y tienen el deseo de salvar su alma».[6] Por consiguiente, los comentarios están generalmente desprovistos de terminología técnica y erudita. Pero aun una lectura casual de ellas muestra que son sustantivas y beneficiosas.

Wesley nos desafía en cuanto al asunto de la lectura sistemática. A estas alturas surgen preguntas importantes: ¿Estoy leyendo la Biblia de tal manera que me pone en contacto con las Escrituras en su totalidad? ¿Estoy leyendo las Escrituras en porciones suficientemente largas para ver los pasajes aislados en sus contextos más amplios? ¿Estoy utilizando ayudas dignas de confianza para añadir los discernimientos de otras personas a mi propio estudio? ¿Tengo algún medio de marcar, observar y anotar mis descubrimientos? Todos estos puntos nos recuerdan la insistencia de Wesley que un conocimiento profundo de las Escrituras requiere un acercamiento sistemático.

## Reflexionar y escribir

1. ¿Cuáles de la preguntas en el párrafo anterior le desafían más actualmente? ¿Por qué?

2. ¿Cómo se compara su lectura de la Biblia con la declaración de Wesley que debemos leer las Escrituras con «un deseo de salvar nuestra alma»?

## Relacionarse

Compare el plan o el material de la vida de devoción que actualmente está usando con las ideas principales de la lectura de hoy. ¿Cómo le ayuda a cumplir los principios wesleyanos que acabamos de ver? ¿Cómo lo puede modificar y hacerlo más efectivo? ¿Es posible que pueda usted necesitar usar otros materiales para lograr estos fines?

## DÍA CUATRO

# La lectura *comprensiva*

Wesley leyó la Biblia en su totalidad. Sabía que tenía toda una vida para leer la Biblia, así que no tuvo prisa. Tampoco tuvo que contentarse con una lectura poco profunda o superficial. En su estilo típico, Wesley desarrolló un método que le proveyó *una experiencia comprensiva*. Los principales elementos de su método son los siguientes:

1. Cotidianidad—de mañana y de noche.
2. Singularidad de propósito—para conocer la voluntad de Dios.
3. Correlación—para comparar las Escrituras con las Escrituras.
4. Devoción—para recibir instrucciones del Espíritu Santo.
5. Resolución—para poner en práctica lo que se aprende.[7]

Estos principios revelan que la lectura de la Biblia con devoción es una experiencia que toca la vida en su totalidad. Wesley no estaba interesado en ninguna forma de lectura de la Biblia que lo aislara de las otras experiencias de la vida. Estos principios lo capacitaron para estar atento a Dios, a su propia situación y a los que lo rodeaban.

## Reflexionar y escribir

1. ¿Cuál de los cinco principios de Wesley cobra más vida en su lectura bíblica en este momento? ¿Cómo ha enriquecido su lectura de las Escrituras?

2. ¿Cuál de los cinco principios es el más débil actualmente? ¿Por qué? ¿Qué puede hacer para incorporarlo en su lectura bíblica?

## Relacionarse

En su lectura bíblica hoy utilice los cinco principios como una guía para seguir escudriñando y aplicando su lectura de la palabra de Dios a su vida y a su servicio en el mundo.

# Día cinco

## La lectura con propósito

Wesley escribió: «Cualquier luz que reciba debe ser usada al máximo e inmediatamente».[8] Para Wesley esto significó por lo menos dos cosas. Primero, significó la aplicación personal de la palabra de Dios a nuestras vidas. Segundo, que deberíamos tratar de enseñar a otras personas lo que hemos aprendido.

En lo que concierne a la aplicación personal, Wesley animó a la gente a detenerse con frecuencia y a examinarse a sí misma a través de lo que leía. A esto lo llamaríamos lectura reflexiva. Dijo que haciendo esto descubriríamos que la Biblia «es en verdad el poder de Dios para la presente y eterna salvación».[9] Este descubrimiento nos llevaría a formular resoluciones apropiadas sobre la manera en que viviríamos día tras día.

Pero las resoluciones con propósito jamás pueden ser exclusivamente privadas. La aplicación total quiere decir que nos proponemos enseñarnos los unos a los otros lo que hemos aprendido. Wesley lo dijo claramente: «Lo que así aprendo, eso enseño».[10] Este principio se confirmó muchas veces en su diario donde vemos a Wesley compartir sus discernimientos con otras personas cuando las visitaba. Algunas veces esto tomó la forma de lecturas más formales de las Escrituras y de otros materiales acerca de la vida de devoción. En otras ocasiones,

Wesley comunicó sus discernimientos en conversaciones casuales, pero siempre estuvo abierto a diversas formas y medios para ayudar a los demás a crecer en su fe.

A estas alturas es adecuado advertir algo sobre el asunto. En ningún lugar Wesley parece ser agresivo o dogmático al compartir con otras personas. No trató de hacer de su experiencia algo universal ni trató de imponerla. Más bien, su manera fue más susceptible. Dejó que la experiencia de alguien más fuera una puerta de entrada a través de la cual él podía compartir lo que Dios le había enseñado en una experiencia similar. Esta forma de hacer las cosas está en contraste a algunas hoy día que tienen «una palabra del Señor» para nosotros que debe ser obedecida o de otra manera se pone en duda nuestra espiritualidad.

Wesley jamás obró de esa manera; al contrario, compartió sus discernimientos de una manera humilde sabiendo que si en verdad era una palabra de Dios para esa persona, el Espíritu Santo haría la obra en la vida de esa persona. De esta manera, el encuentro de Wesley con Dios en la Biblia sirve para recordarnos que podemos relacionar los eventos de nuestra vida a las enseñanzas de las Escrituras y podemos ser usados para ayudar a otras personas a hacer lo mismo.

## Reflexionar y escribir

1. ¿Cuál fue la parte más desafiante de la lectura de hoy para usted? ¿Por qué?

2. ¿Cómo ha tratado de practicar el principio de Wesley de la

aplicación personal y total (enseñando a otras personas lo que ha aprendido) en su vida de devoción?

## Relacionarse

En su libro *How to Give Away Your Faith (Cómo regalar su fe)*, Paul Little ofrece siete preguntas para ayudarnos a ver si estamos leyendo la Biblia de tal manera que nos capacite para hacerla pertinente a nuestra vida. Al leer las siguientes preguntas, identifique los detalles que busca sin demora en su lectura bíblica y en cuales ideas necesita enfocarse más diligentemente: (1) ¿Hay algún ejemplo que pueda seguir? (2) ¿Hay algún pecado que deba eludir? (3) ¿Hay algún mandamiento que deba obedecer? (4) ¿Hay alguna promesa que pueda reclamar? (5) ¿Qué me enseña este pasaje acerca de Dios o de Jesucristo? (6) ¿Existe algún problema que tenga que examinar? (7) ¿Hay algo en este pasaje por lo cual debo orar hoy?

# La lectura colectiva

Lo que hemos dicho hasta ahora ha tratado principalmente sobre el uso que hacía Wesley y las personas de las Escrituras. Hay una última dimensión que completa el cuadro. Wesley leyó y usó la Biblia comunitariamente. Sabía que era valioso para la comunidad de fe reunirse en torno a la palabra de Dios. Así, pues, en *Las reglas generales (General Rules)* Wesley exigió que los primeros metodistas fueran fieles en asistir a los cultos donde se predicaba y enseñaba la palabra de Dios. Esto incluía tanto los cultos anglicanos efectuados en las iglesias de la parroquia así como las diferentes reuniones asociadas con el movimiento metodista: las bandas, las clases, las sociedades y cultos de predicación. También incluía la fidelidad en la lectura y en la explicación de las Escrituras en los momentos de devoción de la familia.[11]

El uso comunitario de las Escrituras se ve además en las conferencias anuales del metodismo primitivo. Las *actas de la conferencia* están salpicadas con referencias a las Escrituras, conforme Wesley y sus seguidores buscaban la dirección de las Escrituras en las acciones que tomaban. De igual manera, los himnos del metodismo fueron compuestos con un ojo en la Biblia. Casi cada línea tenía una base en las Escrituras. Estas cosas nos recuerdan que Wesley fomentaría el uso de la Biblia en maneras comunitarias hoy día. Se deleitaría con los grupos pequeños que se forman para estudiar las Escrituras. Exhortaría a la iglesia a tratar sus asuntos con esta pregunta como su guía: «¿Qué dice la Biblia?» Así como declaró ser hombre de un solo libro, le agradaría que fuéramos pueblo de un solo libro.

## Reflexionar y escribir

1. ¿Cuáles son las ocasiones y los lugares donde experimenta el uso comunitario de las Escrituras? ¿Cómo enriquecen estas ocasiones su vida de devoción?

2. En el medio comunitario, ¿cuán importante es el conocimiento y el uso de la Biblia para la persona que dirige? ¿Cuál es el papel de los demás en el ambiente comunitario? ¿Por qué no es aceptable y aun peligroso el aprendizaje pasivo en el uso comunitario de las Escrituras?

## Relacionarse

Si tiene un himnario en casa, busque algunos himnos de Carlos Wesley. Vea cuántas referencias explícitas e implícitas a las Escrituras puede encontrar en ellos.

# La reunión de grupo

Esta semana hemos hecho la Biblia el punto central de nuestro escudriñamiento de la vida de devoción. Además de las sugerencias generales para nuestra reunión de grupo proporcionadas para la primer semana, tome en cuenta lo siguiente como posibles pasos para utilizar bien su tiempo juntos:

1. Lleve su propia Biblia a la reunión junto con cualquiera otra versión que parezca útil. Deje que cada persona tenga una oportunidad para mostrar sus Biblias. Puede haber algunas cosas físicas que valgan la pena compartir, tal como la manera como usted subraya algo o cómo hace sus apuntes en su Biblia o el estilo de su Biblia de estudio que enriquece su estudio de las Escrituras.

2. Lleve a la reunión material de devoción que actualmente usa o que en el pasado le ha sido provechoso. De nuevo deje que cada persona a su vez hable acerca de estos materiales y cómo lo ha capacitado para experimentar una vida de devoción significativa.

3. Reparta los himnarios entre el grupo. Señale las referencias directas e indirectas a las Escrituras en los himnos que seleccione. Canten los himnos juntos como parte de su culto comunitario.

## Notas

1.  Quizás la mejor presentación de las perspectivas de Wesley (completo con numerosas referencias a sus obras originales) es *John Wesley's Scriptural Christianity* de Thomas Oden (Grand Rapids: Zondervan, 1994), 55-65.
2.  Jackson, *Works* 5:3 y Bicentenaria, *Works* 1:105.
3.  Para lecturas adicionales acerca del lugar y el significado de la Biblia en la tradición wesleyana ver *The Bible in the Wesleyan Heritage* de Mack B. Stokes (Nashville: Abingson, 1979).
4.  Jackson, Works 5:3 y la Bicentenaria, Works 105-106.
5.  *Explanatory Notes Upon the New Testament* fue publicado primeramente en 1755. *Explanatory Notes Upon the Old Testament* se publicó en 1765. Las notas del Nuevo Testamento vinieron a representar junto con los *Standard Sermons y Articles of Religion* las normas doctrinales del metodismo británico y norteamericano.
6.  Wesley, *Explanatory Notes Upon the New Testament*, 6.
7.  John Wesley, *Explanatory Notes Upon the Old Testament* (Bristol: William Pine, 1765; Salem, OH: Schmul, 1975), 1:viii.
8.  Wesley, *Explanatory Notes Upon the Old Testament*, 1:viii.
9.  Wesley, *Explanatory Notes Upon the Old Testament*, 1:viii.
10. Jackson, *Works* 5:4 y la Bicentenaria, *Works* 1:106.
11. Jackson, *Works* 8:269-71.

# La cuarta
# semana

# Alimento para la jornada

# El pasado y el futuro

La verdadera espiritualidad siempre existe en relación a la iglesia. Como lo hemos visto, tanto la oración como el estudio bíblico tienen sus expresiones colectivas. Esta dimensión comunitaria de la vida de devoción es realizada aun más en el tercer medio de gracia: la Cena del Señor. El Dr. Albert Outler ha acertado al decir que Wesley creía que la Cena del Señor es «literalmente indispensable en la vida cristiana».[1] Desafortunadamente no todos los seguidores de Wesley hoy piensan lo mismo. Hay una tremenda necesidad de restaurar este sacramento sagrado en nuestra vida y en la iglesia.

Wesley tenía tres énfasis en su teología de la Cena del Señor. Examinaremos dos de ellos en la lectura de hoy y el tercero, mañana. Los tres giran alrededor de las preguntas: ¿qué significa la Cena del Señor? y ¿de qué estamos participando cuando nos arrodillamos para recibir el jugo y el pan? Frente a estas preguntas Wesley contestó primeramente que la Santa Comunión es una comida memorial. Cuando comemos el pan y bebemos de la copa, nuestra mente regresa al pasado, al acto de la redención forjado en nuestro favor por Cristo. El jugo y el pan son símbolos del nuevo pacto establecido por Jesús que sirven como recordatorios de que este pacto sigue en vigor.

Pero aun hay más. No tan sólo estamos recordando un hecho histórico que sucedió hace casi dos mil años. Cuando Jesús dijo: «Haced esto en memoria de mí» (Lucas 22:19, VRV), él estaba usando la remembranza en el sentido hebreo de recordar un evento tan detalladamente que cobra vida en el presente. En este sentido juzgaba la Cena del Señor ser un alimento memorial. Debemos recordar a Cristo y nuestra experiencia de él con tanta devoción y atención que ¡en el presente experimentamos de nuevo y cobra nueva fuerza nuestra experiencia con él!

El segundo énfasis de Wesley ve hacia adelante. La Cena del Señor es una promesa de una gloria venidera. El sacramento es una promesa del porvenir que le espera al cristiano en el cielo. El participar en la Santa Comunión aquí en la tierra es un recordatorio que algún día nos gozaremos en el banquete celestial. En este sentido, Wesley vio nuestra recepción de los elementos como una forma de estar en contacto con esa gran nube de testigos que han ido delante de nosotros. La Cena del Señor es un lugar de encuentro entre la iglesia visible y la iglesia triunfante.

Estas dos dimensiones de la Cena del Señor la convierten en una verdadera celebración. Viendo hacia atrás nos enfocamos con tanta pasión en la obra redentora de Cristo que experimentamos de nuevo su gracia salvadora en nuestra vida. Viendo hacia adelante vislumbramos la vida perfecta y eterna que nos espera cuando muramos. ¡Nuestro recibimiento de los elementos cobra vida por lo que ha sido y por lo que será!

## Reflexionar y escribir

1. ¿Cuál de estas dos dimensiones ha sido la más importante para usted al haber participado en la Cena del Señor en el pasado? ¿Por qué?

2. ¿Sobre cuáles ideas nuevas ha meditado después de la lectura de hoy? ¿Cómo puede usar estas ideas nuevas para prepararse a recibir la Cena del Señor en su próxima oportunidad?

## Relacionarse

Al reflexionar en tiempos atrás, ¿cuál fue el culto de comunión más significativo en el cual participó? En el siguiente espacio anote algunos de los detalles de esa experiencia. ¿Por qué fue tan especial?

DÍA DOS

# La presencia real de Cristo

Wesley creía que Cristo está realmente presente cuando tomamos la Cena del Señor. Este tercer énfasis nos pone a algunos de nosotros en una nueva relación con el sacramento. La mayoría de nosotros y nosotras tenemos algún conocimiento de la comunión como un alimento memorial y aun tal vez hasta pensamos que fuera una promesa de la gloria venidera. Pero para muchos la idea de que Cristo está realmente presente es desafiante. Debemos comprender lo que Wesley quiso decir acerca de este aspecto de la Cena del Señor.

Primero, no quiso decir transubstanciación. A diferencia de sus amigos católico-romanos , Wesley no creyó que existiera algún cambio material en los elementos mismos. No se convierten literalmente en el cuerpo y la sangre de Cristo. Segundo, Wesley no quiso decir consubstanciación, como enseñaban sus amigos luteranos. Esta perspectiva sostiene que el pan y el vino no cambian en su composición, no obstante, Cristo actualmente está presente en los elementos. No creyó que teníamos que incorporar a Cristo de alguna manera en los elementos para que estuviera presente en verdad.

Wesley prefirió la posición anglicana por propia decisión: Cristo está presente cada vez que se observa la Cena del Señor. No viene a través de los elementos, mas bien viene a través del Espíritu. ¡Pero está realmente ahí! Ya que esto es así, es fácil ver por qué la Cena del Señor fue un poderoso sacramento para Wesley. Cuando Cristo está presente, cualquier cosa puede suceder. Y aunque la Santa Comunión es principalmente un sacramento para fortalecer a los creyentes, Wesley también creyó que podía ser una ocasion para que la gente pudiera verdaderamente darse cuenta de su culpa y quizás hasta se pudiera convertir. No puso límites al poder de los sacramentos porque no puso límites al que Cristo puede hacer.

Esto explica mayormente por qué los metodistas siempre han practicado la comunión abierta. La mesa de la comunión es la mesa de Cristo. La invitación para participar no es sólo para los creyentes, sino es para cualquiera que «verdadera y sinceramente se arrepiente de su pecado . . .». Outler tiene razón nuevamente cuando dice: «Es siempre por la gracia de Dios, jamás por la disposición del hombre. Por lo tanto, no puede ser secuestrado por ninguna autoridad sacerdotal».[2]

Para que no se confunda la imparcialidad de Wesley con la indiferencia en cuanto a quien participa, debemos recordar que él puso un gran énfasis sobre prepararse para recibir la Cena del Señor. Nos enfocaremos en este punto más adelante durante la semana, pero es necesario mencionarlo aquí. La imparcialidad de Wesley está arraigada en su entendimiento de la gracia. Ya que la gracia se ofrece en el sacramento, puede lograr cualquier cosa que Dios se proponga para quien la recibe. Todo esto es por medio de Cristo quien viene a nosotros cuando y dondequiera que celebramos la Cena del Señor.

## Reflexionar y escribir

1. ¿Qué ayuda recibe al aferrarse a la presencia real de Cristo, sin tener que creer en la transubstanciación o la consubstanciación?

2. ¿Le imparte la mesa abierta mayor entendimiento sobre los dos énfasis de la comunión como un alimento memorial y una promesa de la gloria venidera?

**Relacionarse**

Piense en cómo la Cena del Señor pudiera llegar a ser una ocasión para que alguna persona se sienta convicta (la gracia previniente) o para que se convierta (la gracia justificadora) o para que se fomente una vida consagrada (la gracia santificadora). ¿Alguna vez ha conocido a personas que fueron afectadas por cada una de estas maneras por medio de la Santa Comunion?

DÍA TRES

## La recepción indigna

La comunión acarrea consigo ciertas preguntas y preocupaciones prácticas. Uno de los problemas principales tiene que ver con «cualquiera que coma este pan o beba esta copa del Señor indignamente» (1 Co. 11.27). ¿Qué significa esto? El no comprender esta frase ha hecho que la gente se abstenga de recibir la Cena del Señor. Por consiguiente, la Santa Comunión no es una parte integral de su formación espiritual. Esto es una verdadera lástima e innecesario.

Wesley mismo trató con gente como ésta. Creía que el problema era el resultado evidente de una interpretación errónea de las enseñanzas de Pablo. Cada vez que alguien decía: «No debo recibir la comunión porque no soy digno», Wesley tenía tres respuestas básicas. Primero, dijo que el asunto de la falta de mérito no está relacionado con la persona directamente, sino más bien a la manera del recibimiento. ¿Quién en verdad es digno? El sacramento es precisamente para los indignos y ¡esos y esas somos todos nosotros! Somos pecadores salvos por gracia. Nos acercamos a la Santa Comunión como un medio de gracia, porque lo que necesitamos es la gracia.

Segundo, Wesley apeló a la gente para que leyera el texto minuciosamente. Él creía que Pablo había contestado la pregunta. La falta de mérito tenía que ver más con el tomar el sacramento de una manera descortés y desordenada que con el que una persona pudiera quedarse con hambre y otra se emborrachara. El participar indignamente significaba el hacerlo en maneras que fomentaban la exclusividad y la discordia entre el pueblo de Dios. El problema de la falta de mérito radica en la manera cómo se lleva a cabo el sacramento, no en el carácter de los que participan.

Si estos dos puntos no eran suficientes para convencer a una persona, Wesley ofreció un tercer punto. Se nos manda participar en la Cena del Señor. Jesús dijo: «Haced esto en memoria de mí». Dijo que los cristianos anhelan obedecer todos los mandamientos de Dios. No descuidan intencionalmente ninguno de ellos. El llamamiento a la obediencia es más grande que cualquiera de los supuestos riesgos en cuanto a la falta de mérito. El participar en la Cena del Señor es un paso de obediencia, no una señal de perfección moral.

¿Nos permite esto recibir la comunión cada vez que se ofrece o bajo cualquier circunstancia imaginable? No necesariamente es así. Puede haber ocasiones cuando el espíritu nos revela que estamos viviendo impenitentes y obstinados. Si es así, haríamos bien en permanecer sentados y tratar el problema a la mano. Sin embargo, jamás debemos permitir que un sentido falso o sin base bíblica de la falta de mérito nos mantenga en nuestro asiento. La Cena del Señor está destinada para aquellos y aquellas que sabemos cuánto necesitamos a Dios.[3]

## Reflexionar y escribir

¿Cuál de los tres puntos de Wesley acerca de la falta de mérito va al grano con mayor fuerza para usted? ¿Por qué?

¿Cómo difunde mayor claridad la invitación tradicional en el ritual de la comunión en cuanto al propósito esencial del sacramento?

## Relacionarse

¿Conoce a alguien que necesita escuchar los tres puntos de Wesley y así hallar la liberación de un sentido falso y sin base bíblica de la falta de mérito? Use este momento para orar por esa persona y por una oportunidad para compartir estas buenas nuevas con él o con ella.

## Día Cuatro

# La preparación adecuada

Todos hemos tenido la experiencia de salir después de tomar la comunión sintiendo que no nos habíamos preparado adecuadamente. A veces la manera como se utiliza el ritual nos hace sentir más «como una manada de ganado arreada al lugar del forraje» (sin tener que pensar o reaccionar) que sentir que es una experiencia de gracia. El asunto de la preparación es importante, no sea que perdamos la verdadera presencia de Cristo y sus dones que nos ofrece.

En cuanto a lo que dijimos ayer, está claro que la preparación adecuada comienza con un corazón arrepentido. Si tenemos eso, nos asociamos con las palabras de apertura de la invitacion: «Vosotros los que verdadera y sinceramente os arrepentís de vuestros pecados. . . .» Éste es el pivote sobre el cual nuestra decisión para participar o abstenernos debe hacerse. No importa lo que hayamos pensado, dicho o hecho, la mesa del Señor está abierta para nosotros si en verdad estamos «sinceramente arrepentidos por estos nuestros pecados.»

El saber que esto es así requiere un previo examen de conciencia y oración. De ser posible, Wesley comenzó a prepararse para la Cena del Señor durante el ejercicio de su oficio religioso los jueves en la noche. A partir de entonces hasta el domingo por la mañana, utilizó los momentos de oración para prepararse más. Aun así, sabía que tal preparación no siempre era posible, así que escribió que no era «absolutamente necesario».[4] En otra ocasión escribió «que no se requiere aptitud en el momento de comulgar sino *el tener conciencia de nuestro estado*, de nuestra total pecaminosidad e impotencia».[5]

Este sentido de una necesidad adecuada se cultiva al permitir tiempo suficiente para que la persona que comulga se ponga en contacto con su corazón. Existían manuales publicados en los días de Wesley para ayudar a las personas a hacer eso y, como hemos dicho, Wesley normalmente tomó seis períodos de sus momentos de devoción antes de la comunión para prepararse adecuadamente. Además, el culto de adoración tanto de la tradición anglicana como la metodista daba tiempo en el culto para que la gente cultivara esta clase de actitud. En la actualidad debemos encontrar algunas maneras para prepararnos a nosotros mismos para que podamos acercarnos a Dios abierta y humildemente.

## Reflexionar y escribir

1. ¿En qué se parece o en que no se parece su preparación para comulgar a la de Wesley? ¿Qué discernimientos recibió de su ejemplo?

2. ¿Tiene algún material sobre la vida de devoción que le

ayuda a prepararse para comulgar? Si es así, haga planes para llevarlo consigo a la reunión de grupo de esta semana.

**Relacionarse**

Entérese de cuando se celebrará la Cena del Señor en su iglesia. Observe el modelo de Wesley comenzando el jueves por la noche, preparándose así para su recepción adecuada. Utilice sus momentos de oración el viernes, el sábado y el domingo por la mañana para seguir preparándose. El domingo considere entrar al santuario más temprano que usualmente lo hace para llevar su preparación a una máxima apertura a Dios y a la gracia ofrecida a usted en la Cena del Señor.

DÍA CINCO

# La frecuencia de la comunión

La rúbrica para el «Orden de la comunión» en el *Libro de oración común* (1662) declaró que «en la catedral y las iglesias colegiales y universidades donde hay muchos sacerdotes y diáconos, todos deben recibir la comunión del sacerdote cuando menos cada domingo».[6] Ya para el tiempo de Wesley sus instrucciones generalmente las pasaban por alto, así que la mayoría de la gente recibía la comunión sólo dos veces al año, otros trimestralmente y unos cuantos mensualmente. Así como declinó la frecuencia del sacramento, así también sucedió en cuanto a su significado en la iglesia y en la vida de sus miembros.

Wesley se mantenía firme ante esta erosión sacramental. Estaba bien claro en cuanto a su posición al escribir que «nadie puede tener alguna pretensión a la piedad cristiana si no recibe la comunión, no una vez al mes, sino, tan frecuentemente como pueda».[7] Una mirada en su propio diario muestra que el promedio de su participación de la comunión era una vez cada cuatro o cinco días. Exhortaba la «frecuente» comunión, arraigando tal recepción en un espíritu de comunión «constante» que mantiene el corazón de uno perpetuamente ante Dios. Cuando el metodismo llegó a ser una denominación en Norteamérica, exhortó al clero a celebrar la Cena del Señor cada domingo».[8]

Una vez más la perspectiva histórica de Wesley nos presenta un desafío contemporáneo. Tenemos que admitir que muchas iglesias no ofrecen la comunión con frecuencia, mucho menos la comunión semanal. El dejar de hacerlo a veces se basa en razones que Wesley jamás toleraría, tal como una anticipada baja en la asistencia los domingos cuando se servía la comunión. Lo que debemos recordar a pesar de la frecuencia actual de ofrecerla, es que la Cena del Señor es un medio de gracia. Como tal, no queremos privar a la gente de la oportunidad para acercarse a Dios de esta manera. Si necesitamos volver a educarnos en cuanto al significado del sacramento para ver su valor, entonces hagámoslo. Si tenemos que descubrir maneras nuevas y creativas para hacer accesible la Cena del Señor, entonces hagámoslo. La Santa Comunión es el corazón de la vida de devoción en la tradición wesleyana.

## Reflexionar y escribir

1. ¿Cuántas veces ha comulgado o recibido la Cena del Señor durante este último año?

2. ¿Existen algunas actitudes en cuanto a la Cena del Señor de las cuales usted necesita despojarse para poder participar significativamente de este sacramento?

## Relacionarse

Piense en otros aspectos de su vida donde la frecuencia de alguna acción enriquece el sentido de lo que está haciendo. ¿Alguna vez ha desarrollado un gran afecto por algo al participar regularmente en ello? ¿Cómo iluminan los discernimientos de otros aspectos de la vida la manera cómo podríamos llegar a descubrir más significativa la Cena del Señor?

## DÍA SEIS

# ¿Quién debe recibir la Cena del Señor?

Terminaremos la semana con la pregunta más práctica de todas. Ya hemos contestado en parte la pregunta en términos de la condición de nuestra vida espiritual y en relación a si la mesa debe estar abierta a todos o sólo a unas cuantas personas. Hoy queremos enfocarnos en el asunto de si los niños deben recibir el sacramento. Es un asunto práctico del que todos los padres se preguntan conforme van creciendo sus hijos e hijas.

Para Wesley el requisito previo indispensable para recibir la comunión era el bautismo. Ésta no era tanto su opinión personal como la posición de la tradición anglicana en la cual andaba. Como sacerdote en la Iglesia de Inglaterra, él sostuvo el requisito de la iglesia que uno debería recibir la Cena del Señor sólo después de ser confirmado, normalmente entre las edades de catorce y diez y seis años. Sin embargo, Wesley mismo era una excepción a la regla. Su padre Samuel había visto cierta madurez espiritual en el joven Juan y le permitió comulgar cuando tenía nueve años de edad.

Además, Wesley tenía algunas dudas acerca del rito de confirmación. Tomando todo en cuenta, estableció que lo que más valía para comulgar era la sensibilidad espiritual comprobada, no que el obispo le haya puesto las manos a uno. Esta declaración, sin embargo, no debe confundir el hecho de que en la práctica actual Wesley mayormente siguió la costumbre de la iglesia para administrar la Cena del Señor a los que habían sido confirmados.[9] De hecho, esto nos deja con algo como una opción, arraigando el asunto en nuestra percepción de la sensibilidad espiritual individual de nuestros hijos e hijas. Podemos decidir obedecer la costumbre de la iglesia y aplazar la comunión hasta que los mismos sean confirmados (si su denominación tiene ese rito), y bautizados como creyentes o después de que hayan hecho una profesión de fe personal.

Por otro lado, podemos percibir en un hijo o hija cierta sensibilidad espiritual y, como el padre de Juan, podemos decidir dejarle tomar la comunión a una temprana edad. Si tomamos este camino, entonces por lo menos deberíamos instruirle en el significado de la Cena del Señor y en el significado de lo que está haciendo. Al observar su participación, deberíamos tener la sensatez de que él o ella tenga un aprecio apropiado y la reverencia propia del evento.

## Reflexionar y escribir

1. ¿Recibe de Wesley confusión en cuanto a la respuesta a la pregunta principal de hoy o recibe una oportunidad para considerar la pregunta en términos de su propia situación?

2. ¿Por qué supone que Wesley quería hacer el bautismo un requisito previo para participar de la Cena del Señor?

¿Relaciona este punto de vista los dos sacramentos en una manera significativa?

## Relacionarse

Si usted se crió en un hogar cristiano, ¿cuándo permitieron sus padres que tomara la comunión por primera vez? Según recuerda, fue esto oportuno o inoportuno para usted? ¿Por qué? Si usted es padre o madre, ¿cómo ha encarado este asunto en la vida de sus hijos? Si no tiene hijos o hijas,considere hacer estas preguntas a alguien que los tenga.

DÍA SIETE

# La reunión de grupo

Ésta ha sido una semana desafiante por un número de razones. Hemos hecho frente a un número de preguntas importantes acerca de la Cena del Señor y hemos buscado algunas respuestas o cuando menos alguna información nueva para ayudar a aclarar nuestro entendimiento y nuestra participación en la Cena del Señor. Aun si no está de acuerdo con los puntos de vista singulares de Wesley, no pase por alto el énfasis de la semana: la Cena del Señor es un medio de gracia significativo y una parte indispensable de la vida de devoción.

Al aproximarse esta reunión semanal del grupo, espero que usted tomará los discernimientos que ha adquirido en maneras que le ayudarán a compartir el énfasis mayor. No se hunda en discutir sus desacuerdos. Si tales son serios o subtanciales, quizás querrá reservar un tiempo adicional con el líder del grupo. No queremos pasar por alto nuestras luchas, pero sí queremos que la reunión del grupo sea un tiempo para discutir fructuosamente el papel, el poder y el lugar de la Cena del Señor en la vida de devoción.

Además de las sugerencias generales provistas para la primera semana, haga planes para terminar su reunión de grupo esta semana con la Cena del Señor. Si no hay una persona clériga ordenada entre los miembros de su grupo de estudio, invite a una a venir para administrar el sacramento a su grupo. Sería una lástima estudiar toda la semana acerca de la Cena del Señor y ¡no recibirla!

## Notas

1. Albert Outler, *John Wesley* (New York: Oxford University Pres, 1964), 333.
2. Outler, *John sley*, 33.
3. Para un mayor trato sobre cada uno de estos énfasis, lea el sermón de Wesley: «The Duty of Constant Communion»; Jackson, *Works* 7:147-157, Bicentenaria, *Works* 3:428-439.
4. Jackson, *Works* 7:149 y Bicentenaria, *Works* 3:430.

5. Jackson, *Works* 1:280 y Bicentenaria, *Works* 19:159.

6. Citado en la obra de Outler, *John Wesley*, 415.

7. Jackson, *Works* 7:156 y Bicentenaria, *Works* 3:439.

8. Como Lester Ruth ha señalado correctamente en un papel inédito, esto no quiere decir que todos los metodistas recibieron la comunión cada semana, viendo que frecuentemente no tenían un presbítero presente para servirla. Más bien, la exhortación de Wesley está dirigida más al clero, instándolos a no dejar fuera el sacramento en sus cultos regulares del domingo.

9. La mejor presentación de la posición compleja de Wesley sobre este asunto se puede encontrar en *John Wesley and the Church of England* de Frank Baker (Nashville: Abingdon, 1970), 157, 236, 244, y 331.

# La quinta semana

## Hambre por la justicia

## DÍA UNO

# La importancia del ayuno

En la historia de la espiritualidad cristiana el tema de la abnegación es de suma importancia. Los santos de todos los tiempos han reconocido que a la vida espiritual no sólo le atañe lo que asumimos, sino también a lo que renunciamos. En el ritmo de recibir y dar descubrimos el equilibrio de la vida espiritual. En la tradición wesleyana el elemento de la abnegación está representado más visiblemente en los medios de gracia que denominamos *el ayuno*.

Wesley está con la más amplia tradición católico-romana/anglicana al incluir el ayuno en la lista de los principales medios de gracia instituídos. Se unió a los que creían que el ayuno estaba plenamente establecido en la iglesia y que era practicado por Cristo mismo. Eso era suficiente para justificar su uso en el movimiento metodista primitivo. [Si la gracia había fluido a través de esta disciplina a los cristianos en el pasado, estaba convencido de que continuaría haciendo lo mismo en sus días.]

La defensa que hace Wesley del ayuno no careció del conocimiento que éste había sido practicado equivocadamente a lo largo de los siglos, a veces alcanzando expresiones estrafalarias. Él escribió: «De todos los medios de gracia , difícilmente existe algun otro asunto en el que los hombres se hayan ido a los más grandes extremos que en el del . . . ayuno religioso».[1] Su propia vida , especialmente durante los períodos del Club de los Santos y de Georgia, fue un caso pertinente. Durante estos años (1730-37), él a veces ayunaba al punto de quebrantar su salud física. Pero a pesar de los extremos, Wesley creía que el practicar el ayuno era una ayuda definitiva en el desarrollo espiritual.

## Reflexionar y escribir

1. Wesley estuvo dentro de la tradición católico-romana/anglicana con respecto al ayuno. ¿Qué antecedentes tiene en cuanto al ayuno?

2. Wesley practicó el ayuno al extremo a veces. ¿Sabe usted de prácticas extremas e insólitas en cuanto al ayuno?

## Relacionarse

Al prepararse para estudiar acerca del ayuno esta semana, ¿cuáles son las preguntas más importantes que tiene acerca de ello? ¿Qué experiencia tiene acerca del ayuno en su vida?

# La naturaleza del ayuno

El trato más sistemático de Wesley en cuanto al ayuno aparece en su séptimo discurso sobre el sermón del monte. Este sermon estaba incluído en Standard Sermons, que ofrece un significado doctrinal acrecentado a lo que dijo en ese mensaje.[2] Usaremos este sermón para reflexionar en la naturaleza del ayuno en la tradición wesleyana.

Wesley reconoció que la definición fundamental para el ayuno en la Biblia es abstenerse de la comida. También se dio cuenta que la Biblia describe las prácticas que acompañaban el ayuno que no tenían ninguna conexión indispensable con ello. Llamó tales cosas «circunstancias indiferentes» y buscó instruir a los primeros metodistas en la disciplina determinada del ayuno sin más atavíos.

Wesley también estuvo consciente de que los tiempos para ayunar variaban ampliamente en las Escrituras, tomando hasta cuarenta días y cuarenta noches. Pero de nuevo, él quería enseñar a los metodistas acerca de los usos normales y regulares de esta disciplina, no sus expresiones excepcionales. Creía que la práctica más común de ayunar era por un día, desde la mañana hasta la noche. Encontró apoyo para esto en la Biblia y en la tradición de la iglesia primitiva. Sabía que los cristianos ya anteriormente habían observado ciertos días para ayunar, generalmente el miércoles y el viernes y que después agregaron otros días de ayuno establecidos. Conforme iba creciendo el movimiento metodista, también denominó los miércoles y los viernes como días de ayuno (con el tiempo acortado al viernes solamente), con días adicionales añadidos durante el año cristiano y el año civil.

Los días de ayuno de la semana eran un recordatorio de que la abstinencia tiene el propósito de ser una característica en el curso de la vida espiritual. Quienes ayunaban se abstenían para poder darle prioridad a las cosas del espíritu. Otros días de ayuno correspondían a las estaciones especiales del año, como la Cuaresma, cuando el énfasis era la abnegación. Finalmente, había momentos de crisis especial o de necesidad cuando Wesley llamaba a los metodistas a la oracion y al ayuno para observar ocasiones con cierto enfoque, como un medio de entregarse a la voluntad de Dios y como un medio para discernir la dirección de Dios. En todas estas maneras Wesley daba testimonio del valor total del ayuno en la formación espiritual de uno.

## Reflexionar y escribir

1. Considere cada una de las estaciones del año cristiano: el Adviento, la Navidad, la Epifanía, la Cuaresma, la Pascua de resurrección y el Pentecostés. Normalmente, pensamos en lo que cada estación nos dice acerca del recibimiento. Considere de qué nos pide abstenernos cada estación y qué papel podría desempeñar el ayuno en dar testimonio adicional de nuestra abnegación.

2. ¿Cómo le ayudaría la práctica del ayuno semanal en el desarrollo de su vida espiritual?

## Relacionarse

Como muchos otros cristianos, Wesley comprendía que el ayuno no fue intencionado para ser un fin en sí. El propósito en cuanto a lo que renunciamos es proveernos espacio en nuestra vida para que podamos agregar algo de más valor. ¿Qué le capacitaría el ayuno a recibir en su vida en la actualidad?

## DÍA TRES

# Las clases de ayuno

Wesley reconoció varias clases de ayuno. La más común fue la de no ingerir alimento alguno durante el ayuno prescrito. Tome nota, sin embargo que dejó abierta la posibilidad de ingerir algún líquido durante el ayuno, especialmente si la persona estaba enferma durante un día de ayuno prescrito. Pero, también reconoció el lugar y el uso apropiado de un ayuno absoluto durante el cual ni comida ni líquido serían tomados.

La segunda clase de ayuno fue la abstinencia. Wesley sintió que era oportuno cuando, por razones de salud, uno no podía ayunar totalmente. Aquí estaba otra forma útil de ayunar para los que estaban enfermos. Wesley quería asegurarse de que las personas no hicieran nada para perjudicar su salud física. Por lo tanto, las personas guardando un ayuno de abstinencia, se abstendrían de toda comida menos la necesaria para la preservación de su salud. Aunque Wesley no pudo encontrar ningún ejemplo específico de este tipo de ayuno en la Biblia, escribió: «Ni puedo condenarlo; porque las Escrituras no lo hacen. Puede tener un uso y recibir una bendición de Dios».[3] El tercer tipo de ayuno fue la abstinencia de alimentos agradables. Esta clase de ayuno fue practicada en las Escrituras por quienes no querían mancharse a sí mismos con comidas suntuosas.

Un principio importante surge a estas alturas. Wesley hizo un rompimiento consciente con esa parte de la tradición cristiana que hacía hincapié en el castigo corporal en el ayuno. Aunque en años anteriores él también había usado el ayuno para «disciplinar la carne», llegó a ver que éste no era el propósito central del ayuno. Se oponía a cualquier uso del ayuno que buscara comprobar la espiritualidad por medio de extremismos en el ascetismo físico. Escribió: «Sí, el cuerpo a veces puede padecer tanto que ya no sirve para las obras de nuestro llamamiento. Contra esto también tenemos que precavernos diligentemente, pues debemos mantener nuestra salud como un buen don de Dios».[4]

Wesley creía que cuando uno se acerca al ayuno sanamente y con la perspectiva bíblica, puede ser una disciplina útil. Podría ser bien practicada por aquellos y aquellas que estaban persuadidos, por quienes estaban conscientes de las comidas y las bebidas inmoderadas y por quienes querían tener más tiempo para la oración.[5] De hecho, era la relación entre la oración y el ayuno a la que Wesley más quería darle énfasis en la vida de devoción. Debido a esto, los creyentes podían dedicarse a observar los días regulares de ayuno sin tener que esperar los días de ayuno de la temporada de la iglesia, ni esperar alguna crisis que les llevara al ayuno.

## Reflexionar y escribir

1. ¿Qué beneficio recibe al saber que hay más de una manera de practicar el ayuno?

2. ¿Qué cree usted que Wesley le diría a una persona diabética acerca del ayuno? ¿Por qué es importante esta conexión entre la salud física y el ayuno?

## Relacionarse

En nuestros días Richard Foster ha sugerido que si el propósito principal del ayuno es concentrarnos en Dios, quizás tengamos que abstenernos de otras cosas que no sea el alimento. Él sugiere tales cosas como la televisión y el teléfono. ¿Cómo le insta esta versión extensiva del ayuno a un desarrollo personal y creativo? ¿Hay algo más además de la comida por lo cual necesita ayunar?

## Día cuatro

# El ejemplo personal de Wesley

Al buscar cómo desarrollar disciplinas espirituales, necesitamos ver cuidadosamente esos ejemplos que seguimos y no debemos sentirnos constreñidos a seguir las prácticas de otra persona hasta lo último. He llegado a creer que Juan Wesley nos ofrece un ejemplo positivo y realista acerca del ayuno, ¡completo con un toque de humor en el asunto!

Por lo general, él seguía la costumbre de la iglesia anglicana que incitaba al ayuno los viernes durante los cuarenta días de la Cuaresma, durante las Témporas (Ember Days) y las Rogativas.[6] Entre 1725 y 1738, cuando Wesley concienzudamente modeló sus prácticas según la iglesia primitiva, observó los miércoles y los viernes como los días de ayuno. Después de 1738, sin embargo, parece haber regresado al ayuno semanal los viernes. En breve, Wesley fue un buen feligrés y exhortó a los metodistas primeros a hacer lo mismo.

Usando el viernes como un ejemplo, podemos reconstruir las principales características del ayuno de Wesley. Comenzaba su ayuno después de la cena del jueves por la noche. Esto estaba relacionado a un modelo de devoción asociado con la pasión de Cristo. Al iniciar el ayuno el jueves por la noche, se estaba relacionando con la experiencia de

Cristo en el huerto del Getsemaní. Ésta también fue la ocasión cuando Wesley comenzó a hacer preparaciones especiales para recibir la Santa Comunión el domingo, nuevamente como un medio de relacionarse a la resurrección de Cristo.

Generalmente, no volvía a comer sino hasta el viernes por la tarde cuando terminaba su ayuno bebiendo té. Aquí es donde veo un toque de humor en el ejemplo de Wesley, aunque tal vez él mismo no lo vio así. Al dar por terminado su ayuno tomando té el viernes por la tarde, jamás perdió la hora del té durante la semana. Después de todo, Dios podrá pedirle a algún inglés abstenerse de algunas cosas, ¡pero jamás del té! Volviendo a una nota más seria y razonable, al poner fin a su ayuno el viernes por la tarde, terminaba su ayuno a la hora cuando el Señor clamó: «¡Consumado es!» Estaba usando el ayuno como un medio para participar en la gran historia de la redención.

En este ejemplo general no debemos olvidar que Wesley tomó líquido durante su ayuno regular cuando fue necesario para su salud. En su diario podemos ver las ocasiones cuando él bebió agua, té o caldo durante las horas del ayuno. Esto además realzó su creencia firme que el propósito principal del ayuno no era la abstinencia y de cierto ni lo era la mortificación, sino más bien era la consagración de tiempo adicional para ser especialmente devotos en la oración ante Dios. El carácter impresionante del ejemplo de Wesley no está tanto en los detalles de cada período de ayuno como en su regularidad y continuidad. La realidad es que él practicó el ayuno semanal ¡por más de sesenta y cinco años! Con esa clase de tiempo redimido para más oración y devoción, podemos ver mejor porqué el ayuno es un medio de gracia.

## Reflexionar y escribir

1. ¿Qué discernimientos surgen al reconocer que Wesley

siguió el ejemplo y las instrucciones de su iglesia en asuntos del ayuno? ¿Qué papel tiene la tradición en la formación de nuestra vida espiritual?

2. ¿Fué un pensamiento nuevo para usted el descubrir que el ejemplo de Wesley estaba relacionado a la pasión de Cristo? ¿Cómo ilumina esto las otras relaciones que podríamos tener entre nuestra formación espiritual y la vida de Cristo?

## Relacionarse

Si conoce a alguien que es miembro de la iglesia episcopal, pida ver una copia del *Libro de oración común (Book of Common Prayer)*. Examine lo que instruye a los creyentes hacer respecto al ayuno hoy día. Ver cómo la dirección contemporánea se relaciona a las perspectivas bíblicas y a las de Wesley.

## DÍA CINCO

# El ayuno de los primeros metodistas

El ayuno descubre su lugar en el metodismo desde su principio. En *Las reglas generales* de 1743, Wesley animó a las sociedades metodistas a practicar el ayuno como el ejemplo de «prestar atención a todas las ordenanzas de Dios».[7] *Las reglas generales* no establecen ningunas instrucciones específicas en cuanto al tiempo, la frecuencia, la naturaleza o la duración del ayuno. Pero muy temprano en el movimiento, el viernes llegó a ser el día regular del ayuno metodista.

En 1744 cuando Wesley celebró su primera conferencia anual, presentó el tema del ayuno de una manera que esparce luz en su costumbre y la de los primeros metodistas. Escribió: «[Dios] los guió a todos ustedes a ello, cuando primero se pusieron en camino. ¿Qué tan seguido ayunan ahora? ¿Cada viernes? ¿Hasta qué grado? Yo generalmente me propongo comer sólo verduras los viernes y tomar solamente pan tostado y agua en las mañanas».[8]

Estas instrucciones parecen indicar que Wesley practicó la abstinencia más que el ayuno total durante este tiempo y que recommendó lo mismo a sus predicadores en la conferencia. He aquí otro ejemplo de Wesley de evitar el ascetismo riguroso y de poner énfasis en la primacía de la oración y la devoción durante nuestro ayuno.

En 1768, Wesley impartió una directiva a las sociedades estableciendo trimestralmente los días de ayuno en septiembre, enero, abril y julio. Además, la conferencia anual vigilaba la práctica del ayuno los viernes. De modo interesante, el tema del ayuno los llevó al tema más grande de la perfección cristiana. La conferencia asentó que el asunto de la abnegación era significativo en la búsqueda de la santidad y que el ayuno era una ayuda en ese sentido. Wesley también creyó que Dios bendijo el acto del ayuno al proveer un gran avivamiento entre la gente.

Podemos terminar nuestra pequeña encuesta sobre el ayuno del metodismo primitivo dejando que uno de los primeros seguidores de Wesley nos hable acerca de su ejemplo. El testimonio de Hannah Ball es típico de muchos otros en el movimiento. Ella escribió que su día de ayuno semanal era «un día de ayuno para mi cuerpo, pero un día de fiesta para mi alma». Continuó hablando de sus ayunos como un tiempo de «insólita libertad del espíritu y de comunión con Dios».[9]

No podemos teminar la lectura de hoy sin recordar la nota clara de celebración en los ayunos de los primeros metodistas, en verdad, en el propio ejemplo e instrucciones de Wesley. Muy fácilmente pensamos en el ayuno como una disciplina espiritual negativa. Nuestros antecesores lo consideraron como un acto positivo. Esta diferencia en puntos de vista es un llamamiento a relacionarnos nuevamente con nuestra tradición y a volver a descubrir el gozo del ayuno en la vida de devoción.

## Reflexionar y escribir

1. Medite acerca de la conexión obvia entre el ayunar y el festejar. Los primeros metodistas los consideraron como

dos partes de una totalidad mayor. ¿Cómo podrían obrar juntos estos elementos en su vida?

2. Haga una lista de cuantos aspectos de celebración pueda en cuanto a una práctica regular del ayuno.

## Relacionarse

Una de las disciplinas espirituales antiguas es la sencillez. Aunque no es uno de los medios de gracia formales instituídos o prudenciales, la sencillez está relacionada a la práctica del ayuno. ¿Cómo podría el ayuno ayudarle a vivir una vida más sencilla? ¿Cómo podría tal sencillez llegar a ser un medio para ayudar a otras personas?

## DÍA SEIS

# El ayuno en la actualidad

Ésta ha sido una semana magnífica. Comenzando con la Biblia y dirigiéndonos al ejemplo de Wesley y los primeros metodistas, hemos recibido una gran invitación—la oportunidad para tomar un medio de gracia que muchos consideran ser negativo y transformarlo en una experiencia maravillosa. Sospecho que si Wesley nos pudiera decir algo esta semana, sería que pudiéramos experimentar el gozo de ayunar, no meramente la privación. Como todas las demás disciplinas espirituales, si el ayuno es un verdadero medio de gracia, es una entrada a la libertad, no un obstáculo del legalismo. Fácilmente podemos ver esto al resumir algunas de las lecciones principales que hemos aprendido.

Ante todo, el ayuno es un acto que glorifica a Dios al proveernos tiempo adicional para la oración. Cuando pienso acerca de las miles de horas redimidas para la devoción por Wesley y los primeros metodistas, me siento humillado por la manera miserable como aparto tales momentos para Dios. También me mueve el pensar acerca de la potencialidad que tales momentos adicionales pudieran tener para el cultivo de mi vida espiritual.

Segundo, el ayuno es un acto que nos recuerda que el

espíritu debe tomar prioridad sobre la carne. No somos dualistas; esto es, no abusamos la carne para elevar el espíritu, sino por medio del ayuno se nos recuerda que la devoción a Dios es más importante que estar enviciados con lo material. El ayuno tiene una manera de mostrarnos a nosotros cuánto nos encariñamos en ser indulgentes con nosotros mismos. Tiene la potencialidad para enseñarnos que la vida puede ser vivida más sencilla y templadamente. El ayuno es un medio de gracia que nos ayuda a mantener las dimensiones materiales y espirituales de la vida en un mejor equilibrio.

El ayuno nos hace recordar que debemos comprometernos con cualquier cosa que dé mayor gloria a Dios. En una cultura enviciada con el consumismo, el ejemplo de la abnegación todavía es digno de atención. El ayuno nos desafía a dar otra mirada a las prioridades de la vida. También da testimonio a los demás que el tener, el ganar y el satisfacer no son las metas principales de la vida. Si nos alineamos con las perspectivas que hemos visto esta semana, podríamos contarnos entre los que creen que el ayuno podría ser ahora, como en aquel entonces, un acto que Dios bendeciría con una renovación personal y un avivamiento colectivo.

## Reflexionar y escribir

1. ¿Han cambiado algunas de sus ideas acerca del ayuno como resultado de haberlo examinado esta semana? Si es así, escriba las más importantes para usted.

2. ¿Qué ideas tiene para restaurar el ayuno dentro de la iglesia? ¿Qué podría hacer su grupo, clase o congregación para restablecer el ayuno entre la gente?

## Relacionarse

Ya que el ayuno ha sido una disciplina espiritual descuidada, quizás la mejor acción para relacionarse sería que usted se comprometiera a estudiar más este tema. Comience con la Biblia y examine los pasajes del Antiguo y el Nuevo Testamento donde se menciona el ayuno. Luego busque en libros como *Celebración de la Disciplina* de Richard Foster, *Fasting: A Neglected Discipline* de David Smith o *El ayuna escogido por Dios* de Arthur Wallis. Su vendedor de libros le podrá sugerir otros títulos que le podrán ayudar.

DÍA SIETE

# La reunión de grupo

Como preparación para su reunión de grupo, tal vez no hay mejor manera de pasar este día que la de ayunar en realidad. Haga planes para abstenerse de cuando menos una comida hoy, usando ese tiempo para orar más. Al hacer esto, medite especialmente en cómo querrá Dios que incorpore el ayuno en su vida de devoción continua. Esté en atención hoy al orar. Haga caso a la dirección que Dios pueda proveerle mientras ayuna y siga buscando el rostro de Dios.

Durante la reunión del grupo, invite a todos a hablar acerca de su día más significtivo con el libro de ejercicios, el discernimiento más significativo de la semana o ambas cosas. Deje que el tono sea lo más personal posible. El fin de la reunión de hoy debe ser la renovación de una disciplina descuidada. No sea demasiado analítico. Trate de captar el espíritu de celebración y de potencialidad que caracterizó el ayuno de nuestros antepasados en la fe.

También dedique parte de su discusión al asunto de restaurar el ayuno dentro de la iglesia. Si su pastor no se está reuniendo con su grupo, podría apartar una hora para reunirse con él o ella para discutir las dimensiones colectivas del ayuno. Permita que la reunión de grupo de hoy sea principalmente una ocasión para considerar opciones. No es necesario que por ahora establezca algo en firme. Dé oportunidad para que el grupo esté abierto a la dirección del espíritu al prever cómo el ayuno podría llegar a ser un continuo medio de gracia en su grupo, su clase o su iglesia. En relación a esta discusión, piense acerca de cómo la práctica del ayuno pudiera llegar a ser un medio de la mayordomía y el servicio a los demás.

Antes de terminar la sesión, considere establecer un día común de ayuno durante las próximas dos semanas de la jornada de su grupo en este libro de ejercicios. Al hacer esto, puede dejar que estos dos días venideros sean un trampolín para la continuación del ayuno después que termine su estudio del libro de ejercicios.

Además de cualquieras otras oraciones que eleven, dé

tiempo dentro de estos momentos de oración para que cada persona en el grupo complete esta frase: «Oh Dios, gracias por enseñarme que el ayuno es _____».

## Notas

1. Wesley, *Notes Upon the New Testament*, 39.
2. Jackson, *Works* 5:344-360 y Bicentenaria, *Works*, 1:592-611.
3. Jackson, *Works* 5:346 y Bicentenaria, *Works* 1:595.
4. Jackson, *Works* 5:359 y Bicentenaria, *Works* 1:609.
5. Jackson, *Works* 5:348-51 y Bicentenaria, *Works* 1:597-600.
6. Frank Baker, ed. *The Works of John Wesley* (New York: Oxford University Press, 19975), 11:79. El editor de la unidad para el Tomo 11 fue Gerald Craig. Este tomo ahora tiene su lugar dentro de la edición Bicentenaria, aunque todavía lleva el sello de Oxford University en vez del de Abingdon Press. Ember Days (las témporas) se refiere a los miércoles, los viernes y los sábados después del primer domingo de la Cuaresma, la Cuaresma, el día del Pentecostés, el día de la Santa Cruz y el 13 de diciembre. Rogation Days (las rogativas) tradicionalmente se observan el lunes, el martes y el miércoles antes del día de la Ascensión.
7. Juan Wesley, *The Nature, Design, and General Rules of the United Societies in London, Bristol, Kingswood and Newcastle Upon Tyne*, (Newcastle-Upon-Tyne: Printed by John Gooding, on the Side, 1743), 8. Este documento fue reimpreso en Works de Jackson, 8:269-271 y en Works de la Bicentenaria, 9:69-73.
8. «Conference Minutes of 1744», *Publications of the Wesley Historical Society*, No. 1 (London: C. H. Kelly, 1896), 17.
9. John Parker, ed. *Memoirs of Miss Hannah Ball of High Wycombe* (London: Mason, 1839), 39-40

# La sexta semana

## La vida comunitaria

# El mandato

Mis dos preocupaciones más grandes acerca de la formación espiritual son que será percibida en gran parte como un asunto privado y que no logrará las dimensiones externas que Dios propone que tenga. La nuestra es una sociedad muy indulgente consigo misma. Un paseo rápido por la sección de «esfuerzo propio» de una librería confirmará el énfasis en nosotros mismos. Se nos bombardea con ello, incluyendo algunas obras y productos cristianos que hacen poco más que complacer nuestro consumismo degradado.

Sin embargo, nadie puede desarrollar una espiritualidad madura en soledad y nadie puede mantener una vida espiritual animada aparte del servicio en el mundo en el nombre de Jesús. Esa es la razón por la cual las últimas dos semanas de nuestro estudio son tan desafiantes. Es por eso que la vida de devoción en la tradición wesleyana es tan emocionante. Hace mucho Juan Wesley (y los cristianos anteriores a él en la tradición anglo-católica) reconocieron que los medios de gracia crean una comunidad y una misión. Esta semana vamos a examinar el quinto medio de gracia instituído, «la conferencia cristiana», el medio hacia la comunidad.

El término no es familiar hoy día aunque la idea del

ministerio con los grupos pequeños es bien conocido. «La conferencia cristiana» fue el término que lo abarcaba todo y que Wesley usó para describir cualquier forma de vida de la grey, incluyendo lo que ocurría en las sociedades unidas y en la iglesia en general. Exhortó a los cristianos a que se reunieran para tratar acerca de la santidad interior y exterior. Vio el principio ejemplificado en el énfasis que el Antiguo Testamento hacía en el pueblo de Dios, el tabernáculo y el templo. Lo vio confirmado además en el Nuevo Testamento a través del llamamiento de los discípulos por Jesús y del establecimiento subsiguiente de la iglesia misma. Los diez y siete siglos que le precedieron también estuvieron salpicados con numerosos ejemplos de la vida comunitaria.

Wesley era un feligrés devoto. Se enfocó en las sociedades unidas, que junto con otras sociedades semejantes de su día funcionaron como pequeñas iglesias dentro de la iglesia mayor. Antes de examinar las sociedades unidas en detalle, debemos hacer énfasis en que Wesley jamás las vio como iglesias substitutas o grupos de cristianos funcionando independientemente del cuerpo de Cristo. Pero debido al malestar de las iglesias en sus días, Wesley vio la necesidad de lugares donde la gente podría juntarse para recibir nutrición espiritual, estudio, fortalecimiento, aprender mayordomía, dar testimonio y prestar servicio. Los infrecuentes cultos de adoración por sí solos (como se llevaban a cabo en la Inglaterra del siglo diez y ocho) no estaban produciendo un pueblo dedicado a vivir una vida santa. Las sociedades unidas fueron un medio para recobrar lo que faltaba, con el propósito de que las personas revitalizadas regresaran a la iglesia general para ser agentes de renovación.

Ese mismo espíritu se necesita ahora en la iglesia. Se refleja en este libro de ejercicios y en la serie en la cual se encuentra. El decaimiento de las denominaciones principales es un hecho admitido. Seguimos necesitando iglesias pequeñas dentro de la iglesia general donde las personas puedan ser renovadas y lleguen a ser agentes de renovación.

## Reflexionar y escribir

1. ¿Qué evidencias de indulgencia ve usted en la iglesia hoy día? ¿Cómo podría «la conferencia cristiana» ayudar a mitigar este problema?

2. De los elementos principales de la vida del grupo mencionados arriba (nutrición espiritual, estudio, etcétera), ¿cuál le parece ser el más importante? ¿Por qué?

## Relacionarse

Si ha sido parte de un grupo pequeño en el pasado, recuerde cuáles eran los aspectos más positivos y los beneficios personales. ¿Cómo le capacitó el grupo para vivir una vida cristiana más auténtica en el mundo?

## DÍA DOS

# Las sociedades

Hoy comenzamos un examen de los componentes mayores del movimiento metodista primitivo. La unidad más grande de compañerismo (fuera de la iglesia organizada) fue la sociedad. En lugares como Bristol y Londres la feligresía contó con centenares de feligreses. En otros hubo mucho menos que cien personas. Entre 1739 y 1743 las sociedades funcionaron más o menos independientemente, aunque la supervisión personal de Wesley aseguró la solidez de los varios grupos. Para el año 1743 fue obvio que se necesitaba algún sistema para coordinar las actividades de las sociedades. Por lo tanto, Wesley redactó una especie de carta constitucional titulada las «Reglas generales de las sociedades unidas».

La feligresía en las sociedades estuvo abierta a cualquier persona que deseara «huir de la ira venidera». De esta manera la sociedad sirvió como un medio para relacionarse con la gracia previniente de Dios obrando en la vida de una persona, despertándola y convenciéndola. La sociedad se reunía semanalmente teniendo como los componentes principales de la vida común la oración, la exhortación y el interés mutuo. El objetivo final fue el de ayudarse unos a otros a cuidar de su propia salvación.[1] Pero es importante ver que ésta no era una espiritualidad innata para las sociedades porque las sociedades también tenían un compromiso claro con la mayordomía y el ministerio.

Los motivos de Wesley para establecer la estructura de las sociedades han sido interpretados de diferentes maneras. El factor dominante parece haber sido el comprender que se necesitaba la formación inmediata de quienes habían sido ganados por la predicación. Yendo aun más allá, Wesley dejó claro que la predicación por sí sola no podría producir una espiritualidad madura. En el primer año de las sociedades unidas (1743) escribió: «Determino, por la gracia de Dios, no comenzar la obra en ningún lugar donde no pueda seguir la trayectoria».[2] Veinte años más tarde visitó la región donde las reuniones de cierta sociedad estaban en decadencia y después escribió:

> Estaba convencido más que nunca que el predicar como un apóstol, sin reunir juntos a aquellas y aquellos que son despertados y no darles educación en los caminos de Dios, es sólo engendrar hijos para el asesino. ¡Cuánta predicación ha habido durante estos veinte años por todo Pembrokeshire! Pero ningunas *sociedades regulares*, ninguna disciplina, ningún orden ni conexión y la consecuencia es que nueve de cada diez de los que una vez fueron despertados, ahora se duermen más rápidamente que nunca.[3]

Relacionado con la nutrición estaba el asunto de la renovación. En Oxford, Wesley había sido inflluído en la década de los años 1730 por una obra, *The Country Parson's Advice to His Parishioners (El consejo del párroco rural a sus feligreses)*, publicada por primera vez en 1680. En ella el autor declaró lo siguiente:

> Si los hombres buenos de la iglesia se unieran en las diversas partes del reino, organizándose a sí mismos en sociedades fraternales y comprometiéndose los unos con los otros . . . en todos los buenos caminos cristianos, serían

los medios más eficaces para restaurar nuestro cristianismo decaído a su primitiva vitalidad y vigor.[4]

Para el año 1743, un número de estas sociedades religiosas habían sido organizadas por Wesley.[5] Su uso de esta forma de experiencia de grupo muestra una semejanza de espíritu con sus predecesores en cuanto a la renovación de la iglesia.

## Reflexionar y escribir

1. ¿Por qué es importante tener un lugar para las personas que sólo están bajo la influencia de la gracia previniente— es decir, quienes aun no han hecho su profesión de fe en Cristo, pero que sólo están en la etapa del despertamiento y del convencimiento?

2. ¿Dónde se encuentra tal lugar en su iglesia?

## Relacionarse

Si está familiarizado con los movimientos contemporáneos de grupos de recuperación y/o la forma nueva del culto de adoración llamado el *servicio de los investigadores*, medite en cómo estos ministerios son una expresión del movimiento de las sociedades que Wesley usó en el metodismo primitivo. ¿Cómo contribuyen estos nuevos ministerios a la formación espiritual y a la renovación de la iglesia?

## La reunión de las clases

Quizá la característica del metodismo primitivo mejor conocida que cualquiera otra es la reunión de las clases. En muchos sentidos eran el corazón de la estructura de Wesley para la formación espiritual. Conforme aumentaban las sociedades en número, vio la necesidad de un foro intermediario para proveer la continuación de la formación personal—un lugar donde los que habían despertado pudieran ser convertidos. Así como la sociedad reflejaba la gracia previniente, la reunión de las clases llegó a representar la gracia justificadora. Fue en las reuniones de las clases donde la mayoría de las personas que respondieron a la predicación de Wesley en realidad se hicieron cristianas.

En el principio las reuniones de las clases tendieron a ser algo formal, con la persona que dirige de pie frente al grupo haciendo preguntas acerca de la condición espiritual de cada miembro. No obstante, conforme pasaba el tiempo, la forma se hizo más relajada y prevaleció un ambiente familiar. Leslie Church describe una reunión de clase típica con estas palabras:

> Los problemas se exponían y frecuentemente se resolvían, se comparaban las experiencias espirituales y los miembros se regocijaban con la seguridad consciente de la presencia de Dios. Las reuniones comenzaban y terminaban con un himno y una oración y había tal sencillez e intimidad en cuanto al acto de adoración que de haber existido algunas  formalidades, habrían sido destruidas.[6]

Además del compañerismo, la reunión de la clase también proveía la base de la mayordomía y la misión para el metodismo primitivo. «Un centavo por semana y un chelín por trimestre llegó a ser la regla.»[7] Tomando en cuenta a todas las sociedades unidas, se reunía una cantidad cuantiosa y los dineros fueron usados principalmente para ayudar a los pobres y para mantener a los predicadores metodistas itinerantes.

El elemento de la disciplina es otro rasgo notable de las clases. A cada miembro se le entregaba un pase que llevaba el nombre de la persona, la fecha y la firma de Wesley o de uno de sus predicadores. El pase era válido por un trimestre y a los miembros infieles no se les renovaba su pase para el siguiente trimestre. Además de los pases, Wesley ejerció una mayor disciplina a través de sus visitas periódicas. Durante estas visitas examinó, regularizó y aun depuró las clases.[8]

Según las normas de hoy estas prácticas pueden parecer severas, pero sería un error ver algún espíritu desagradable o legalista en las prácticas de Wesley. Fue muy querido por su gente por eso y ella parecía comprender en general lo que hacía. Estaba convencido que no podía haber ninguna madurez espiritual sin disciplina. Y además, las clases eran asociaciones voluntarias. Nadie estaba obligado a asistir.

Wesley esperaba que las personas que sí asistían obedecieran las reglas, no porque estaban obligadas a hacerlo, sino porque ellas mismas decidieran hacerlo. Esto explica porqué Wesley podía depurar las clases cuando era necesario. No echó fuera a nadie. Los miembros se excluían a sí mismo al dejar de observar las normas que previamente habían aceptado. La readmisión siempre fue posible y cualquiera que estuviera en disposición de reasumir las reglas era vigorosamente animado a volver.

## Reflexionar y escribir

1. Al leer la descripción de las clases, ¿qué aspectos le parecen los más importantes? ¿Por qué?

2. ¿Cómo se siente acerca de ser responsable ante algún cometido (incluyendo la posible expulsión) que presupone una asociación voluntaria y un acuerdo desde el principio de cumplir el pacto junto con el resto del grupo?

## Relacionarse

Procure conseguir dos excelentes expresiones de los grupos pequeños: *Covenant Discipleship* (Box 851, Nashville, TN 37202) y *ReNOVARE* (8 Inverness Drive East, Suite 102,

Englewood, CO 80112). Escriba a cada agencia y pídales materiales descriptivos. Cuando los reciba, compárelos con los componentes de las clases de Wesley.

## DÍA CUATRO

# Las reuniones de las bandas

Para muchas personas dentro de la tradición wesleyana, las bandas son aspectos desconocidos. Sin embargo, necesitamos incluirlas en nuestro examen de la espiritualidad metodista primitiva. Wesley tomó la idea para éstas de los moravos, aunque tal formación de grupos se pueden encontrar en un tiempo anterior a ése.[9] Sirvieron como la estructura fundamental para comunicar la gracia santificadora mediante la atención especial a los que estaban inclinados a «ir hacia la perfección».

Wesley utilizó las reuniones de las bandas en sus primeras sociedades, pero para cuando murió en 1792, muchas bandas ya no existían. Sus propósitos habían sido aunados con la reunión de la clase. Damos atención a las bandas debido al principio fundamental que les dio origen. Wesley creía que la formación espiritual se fomentaba a medida que las personas del mismo género se reunían en grupos pequeños de cinco a ocho personas. En las bandas, los hombres se reunían con los hombres y las mujeres se reunían con las mujeres para tratar asuntos de la vida espiritual.

Las reglas para las bandas fueron redactadas por Wesley en 1738, cinco años antes de que «Las reglas generales de las sociedades unidas» fueran desarrolladas. Un análisis de estas reglas indica que el propósito de la reunión semanal de las bandas era el testimonio y el examen mutuo. Después de una oración y un himno, una persona comenzaba el proceso hablando del estado de su alma. Luego también los demás, en orden, hablaban acerca de su propia condición. Se le daba atención especial a cómo superar los yerros personales y alcanzar un sentido de perdón y paz con Dios.

Debido a la naturaleza intensiva de las bandas, éste era el único nivel dentro del metodismo donde los miembros tenían que ser cristianos profesantes. Psicológica y teológicamente esto no es difícil de entender. Wesley sabía que el compartimento íntimo y aun arriesgado sólo podía hacerse cuando la persona ha afirmado la cuestión fundamental de ser aceptada por Dios. Para quienes llegaron escasamente a las orillas o se relacionaron marginalmente con el movimiento, la experiencia de las bandas pudo haber sido muy amenazadora. Además, las bandas también eran voluntarias y las estadísticas indican que sólo un viente por ciento de los metodistas aprovecharon esta estructura de la formación espiritual.[10]

Antes de dejar nuestro análisis de las sociedades, las clases y las bandas, necesitamos hacer énfasis una vez más en cómo las estructuras del metodismo primitivo respondió a la teología de la gracia según Wesley. En el orden de la salvación, la gracia es el tema teológico dominante. Las dimensiones de la gracia son éstas: la previniente (el despertamiento), la que convierte, la que santifica y la que glorifica (la gracia para morir). Sobre todos los aspectos de la gracia, por supuesto, estaba la iglesia. Pero dentro de la iglesia cada elemento en la comunidad metodista sirvió como un medio para hacer énfasis en una dimensión de la gracia:

las sociedades (la previniente), las clases (la justificadora) y las bandas (la santificadora). Esto no quiere decir que las estructuras estaban limitadas a realzar cierto aspecto de la gracia, pero sí se muestra que en las estructuras del metodismo primitivo toda la gama de la gracia de Dios fue demostrada. La convivencia metodista capacitó a las personas ¡para experimentar el amplio evangelio de la gracia!

## Reflexionar y escribir

1. ¿Qué beneficios ve en que Wesley haya organizado bandas donde los hombres podían reunirse con hombres y las mujeres con las mujeres? ¿Qué opciones contemporáneas existen en su iglesia para esta clase de comunidad?

2. ¿Cómo concuerdan las estructuras de su iglesia o cómo sirven como canales para las distintas dimensiones de la gracia de Dios?

## Relacionarse

En la década pasada hemos visto el surgimiento del movimiento de las mujeres cristianas y más recientemente el movimiento de los hombres cristianos. Si usted está familiarizado con cualquiera de estos dos movimientos, compare la dimensión de las bandas del metodismo primitivo con lo que ve que está sucediendo en los grupos contemporáneos de hombres y de mujeres

## Día cinco

# El resto de la historia

Las sociedades, las clases y las bandas formaron el corazón de la formación estructural del metodismo primitivo, con cada aspecto destacando una dimensión de la gracia. Pero el genio de la formación espiritual metodista no queda agotado por estas tres formas de vida comunitaria. Hoy queremos terminar viendo la formación de la grey como Wesley intentó que fuera.

Dentro del movimiento metodista, encontramos dos grupos más que Wesley utilizó para enriquecer la vida de devoción de sus seguidores. Las sociedades selectas (a veces llamadas las bandas selectas) existieron para quienes estaban haciendo cierto progreso especial en la santidad interior y exterior. Wesley sabía que siempre había gente que estaba especialmente abierta y que era de porte sereno para el crecimiento. Las sociedades selectas capacitaron a dichas personas a enfocarse en asuntos específicos de la vida de devoción y a crecer en conformidad con un curso de acción especialmente significativo.

A la inversa, siempre hubo personas con necesidades especiales o personas que estaban en peligro de volver hacia atrás en su vida espiritual. Siempre había bandas penitentes listas para reclamar a tales personas antes de que se desprendieran por completo del metodismo. A las personas se les dio la oportunidad para luchar con los problemas, confesar su indiferencia y, por otra parte, ocuparse de su propia salvación en maneras que encendiera la llama de la devoción. Mediante estos dos grupos adicionales podemos ver la preocupación de Wesley de que tanto los que estaban listos como los renuentes tuvieran los medios para recibir atención especial.

Además de los grupos, debemos mencionar las fiestas de agape, noches de vigilia y servicios de pacto en el metodismo primitivo que presentó oportunidades menos frecuentes pero significativas para la formación colectiva. Finalmente, no obstante, no debemos olvidar que todo estaba adaptado para relacionar a la gente con la iglesia. Wesley aborrecía la idea que el metodismo llegara a ser una iglesia substituta para alguien y hasta el día de su muerte declaró ser «un hombre de la iglesia de Inglaterra». De igual manera, quería que los metodistas fueran miembros activos en una iglesia organizada de su preferencia. Como un director espiritual sabio y como un reformador genuino, Wesley sabía que se pasa por alto la experiencia individual en cualquier subgrupo a menos que encuentre presencia y expresión en la iglesia general. Más que ser metodista, Wesley quería que su gente fuera cristiana. Menos que esto, no es una vida de devoción en la tradición wesleyana.

## Reflexionar y escribir

1. Al ver cómo utilizó Wesley ciertas sociedades selectas y penitentes, ¿qué dimensiones comparables ve en su iglesia para los que están listos y los que son renuentes?

2. ¿Qué cultos especiales u ocasionales tiene su iglesia que capacita a la gente a expresar su fe aun más y ser alimentados en ella? ¿Cuáles de estos cultos nota que son más significativos? ¿Por qué?

## Relacionarse

¿Qué evidencia ve en su iglesia o comunidad donde la gente usa subgrupos como iglesias substitutas? Mientras se reconocen los beneficios que los grupos tienen en la vida de devoción colectiva, ¿qué riesgos o peligros ve también? ¿Cómo invitaría a la gente a relacionarse con la iglesia sin desvalorar su experiencia de grupo?

## DÍA SEIS

# La «conferencia cristiana» hoy

En nuestros días existe una necesidad para rescatar la experiencia de «la conferencia cristiana» como un verdadero medio de gracia. Las decisiones y los propósitos de Wesley nos ayudan a ver el valor de la vida juntos. Estoy de acuerdo con quienes creen que el metodismo perdió su alma cuando estas dimensiones fueron abandonadas. Además, también creo que veríamos un resurgimiento de vitalidad si pudiéramos volver a descubrir la dinámica de una comunidad vital.

A la vez, esto no querrá decir el regresar al siglo diez y ocho o meramente el reproducir los métodos de Wesley. No podemos volver a ninguna supuesta Edad Dorada de la espiritualidad cristiana, pero sí podemos vivir en el presente y entrar al futuro con el conocimiento de los principios claves. Vamos a examinar algunos de ellos ahora al llegar al fin de nuestra semana de reflexión sobre la vida comunitaria.

Primero, vemos el principio de la asociación voluntaria. La formación espiritual colectiva funciona mejor cuando las personas interesadas se asocian las unas con las otras. Por lo tanto, no debemos esperar que todos participen en cualquier cosa que hagamos. A veces las razones de las personas para no participar son válidas y necesitan ser respetadas. En otras ocasiones, el no participar es una señal del malestar espiritual. De cualquier manera, la vitalidad de la formación de la grey está relacionada a la asociación voluntaria.

En segundo lugar, nos hemos dado cuenta del principio de la diversidad. El tamaño del grupo, las personas constituyentes y los propósitos pueden ser diferentes. Pueden existir oportunidades dentro de la grey de la vida de devoción para quienes sencillamente andan buscando y pueden fluctuar por todo el ámbito de la espiritualidad hasta quienes tienen la serenidad para crecer en la santidad interior y exterior. De hecho, haríamos bien en no tratar de que ningún grupo solo abarque demasiados aspectos. El enfoque y la especificidad son medios para mayor crecimiento para quienes participan en alguna forma de nutrición. Sé de una iglesia que celebra y apoya a cualquier grupo que tiene cuando menos cinco personas interesadas en buscar con afán una meta dada o algún tema. Esta clase de diversidad mantiene a los grupos definidos y significativos.

Una tercera observación del método de Wesley realza la unión de la dinámica de los grupos con los asuntos de los ministerios. Al irse formando grupos dentro de la iglesia, deben ser desafiados a ver más allá de sí mismos para participar en proyectos de servicio. Éstos pueden incluir participación directa local o ayuda financiera, así como una visión global. El principio de los grupos en ministerio es necesario para impedir el estancamiento, el elitismo y un espíritu centrado en sí mismo.

En cuarto lugar, hemos sido testigos de la importancia de la disciplina. Mientras se evita el legalismo y una falsa super espiritualidad de parte de algunas personas, no debemos fallar en suministrar la formación congregacional que desafíe y ayude a los miembros a crecer. Si relacionamos este principio con el del voluntarismo, podemos ver que el exigir una vida disciplinada no es una imposición sino una invitación para desarrollarse. Tal disciplina incluirá la costumbre de los tradicionales medios de gracia y también puede incluir ciertas disciplinas que son escogidas y apropiadas para cierto grupo. Cualquier forma que tome, debemos volver al convencimiento de que sin la disciplina la iglesia jamás logrará la madurez y el poder que Dios se propone que ésta tenga.

Finalmente, la vida en solidaridad creará un ministerio vital de laicos conforme las personas progresan de una mentalidad de feligresía a una que abarca la mentalidad del discipulado. La iglesia contemporánea confía demasiado del clero y se encuentra en una necesidad desesperada de expresiones genuinas del sacerdocio de todos los creyentes. En cada congregación hay mujeres y hombres maduros y listos que pueden recibir entrenamiento para determinados aspectos de servicio en la iglesia. Pueden ser equipados para ser los líderes de los grupos como se hacía con los líderes laicos y laicas en los inicios del movimiento metodista. Esto no tan sólo aligeraría al clero de algunas tensiones y fatiga, sino que también capacitaría a la iglesia para cumplir el propósito para el cual fue creada—¡el cuerpo de Cristo en el cual cada miembro es un ministro!

Al llegar al fin de esta semana de reflexión, quizás la cosa importante que hay que recordar es que Wesley tenía la habilidad para formar grupos y extender el ministerio de tal manera que aseguró la cooperación. Si nuestra proliferación de grupos establece un espíritu competitivo en la iglesia, podemos tener la seguridad que algo anda mal. Quizás pueda ser una señal de que los grupos están haciendo actividades paricidas o tal vez de que la gente se siente presionada a involuerarse en demasiadas cosas. Cualquiera que sea la causa, debe eliminarse el espíritu competitivo y debe desarrollarse un sentido de cooperación. Mediante la cooperación, el caudal de la gracia de Dios puede entrar en acción en toda la iglesia en maneras que un solo grupo no puede proveer.

## Reflexionar y escribir

1. Al reflexionar sobre su propia vida, ¿cuál principio de «la conferencia cristiana» le parece el más importante? ¿Por qué?

2. Al tomar en cuenta su iglesia, ¿cuál principio parece ser el más importante? ¿Por qué?

## Relacionarse

Al concluir la semana sobre la vida en solidaridad los unos con los otros, repase el sistema de la formación metodista de los fieles. ¿Qué dimensión escogería como un primer paso en el desarrollo de un plan renovado para una vida de devoción colectiva en su iglesia?

## DÍA SIETE

# La reunión de grupo

Puede pensar que el tener una reunión de grupo acerca de las reuniones de grupo es algo extraño, pero los grupos necesitan participar en un periódico examen de conciencia. Tal vez quiera utilizar el formato general sugerido para la primera semana como un medio de preparación para la reunión de grupo de esta semana.

Para la reunión misma, sugiero que divida su tiempo entre dos secciones básicas. Primero, pase tiempo discutiendo la aplicabilidad de las estructuras y los principios de Wesley en su propio grupo. ¿Qué ha aprendido que pueda enriquecer la vida de su grupo? Segundo, considere su respuesta para hoy a la pregunta bajo «Relacionarse». Haga una lista al azar de elementos que podrían ser valiosos al restaurar la formación congregacional en la vida de su iglesia.

Termine su reunión con una oración, pidiéndole a Dios en especial que le guíe a usted, a su grupo y a su iglesia hacia mayores expresiones del sacerdocio de todos los creyentes. Oren por su pastor o pastora (y cualquier otro miembro del personal que haya) para que un mayor desarrollo del ministerio laico pueda relevarlos de algunas responsabilidades y tensiones excesivas al tratar de llevar a cabo el ministerio de la iglesia con insuficiente ayuda.

## Notas

1. Wesley, *General Rules*, 1. Cf. Jackson, Works 8:267 y Bicentenaria, *Works* 9:69.
2. Jackson, *Works* 1:416 y Bicentenaria, *Works*, 19:138.
3. Jackson, *Works* 3:144 y Bicentenaria, *Works* 21:424.
4. Samuel Emerick, ed., *Spiritual Renewal for Methodism* (Nashville, Methodist Evangelistic Materials, 1958), 12.
5. Una de las mejores fuentes para estudiar las sociedades es *John Wesley and the Religious Societies* (Londres: Epworth, 1921).
6. Leslie Church, *More About the Early Methodist People* (Londres: Epworth, 1949), 236.
7. Howard Snyder, *The Radical Wesley* (Grand Rapids: Zondervan, 1980), 55.
8. Ibid, 57.
9. Martin Schmidt, *John Wesley, A Theological Biography*, 3 tomos (Nashville:; Abingdon, 1963), 1;267.
10. Nota por el Sr. George Stampe, *Proceedings of the Wesley Historical Society*, V, No. 2 (1905), 33-44.

# La séptima semana

## Adentrándose en el mundo

# El derramamiento de la gracia

Nuestro estudio de la vida de devoción en la tradición wesleyana se ha enfocado en los medios de gracia instituídos, esas disciplinas personales y colectivas que establecen y sostienen la vida en Dios en el alma humana. Tan importantes y esenciales como fueron estos medios para Juan Wesley y los metodistas primitivos, no hubiéramos tenido un movimiento mundial usando sólo estos medios. Algo más necesitaba suceder y para la espiritualidad wesleyana, ése algo fue una preocupación por la práctica de los medios de gracia prudenciales también.

Los medios de gracia prudenciales pueden ser tan desconocidos para usted como lo eran los medios de gracia instituídos cuando comenzamos hace seis semnas. Básicamente, Wesley quiso decir que Dios ha dado medios de gracia adicionales a la iglesia mediante los cuales cumple las dimensiones sociales y correlativas del evangelio. Los cristianos prudentes les darán atención a ellos así como a los medios instituídos. Al darle énfasis a esto, Wesley escribió que los medios instituídos no eran los únicos medios de gracia dados por Dios: «Ciertamente existen obras de misericordia, tanto como obras de piedad que son verdaderas obras de gracia».[1]

Para aquellos de ustedes que pueden tener antecedentes en la Iglesia Católica Romana, pueden recordar la frase *obras de misericordia y obras de piedad.* Sin llamar atención a ello, Wesley sencillamente se sirvió de esta tradición (como lo había hecho su propio anglicanismo) para ofrecer a su pueblo los medios de gracia instituídos (las obras de piedad) y los medios de gracia prudenciales (las obras de misericordia), las cuales tomadas juntas constituyen todo el ámbito de la vida espiritual: la santidad interior y exterior, para usar las palabras de Wesley.

Los medios de gracia prudenciales le dieron a la espiritualidad wesleyana su misión y ministerio. Salvaron a las sociedades unidas de llegar a crecer dentro de ellas mismas y ser autosuficientes. Al mismo tiempo, el vincular los medios de gracia instituídos y prudenciales permitió que la ética social de Wesley brotara y estuviera relacionada a su ética personal para así conservarlos como parte del cuadro más grande. La unión de la piedad personal y la misericordia social de los metodistas primitivos forjó un instrumento más efectivo para que Dios usara, contrario a lo que hubiera sido si Wesley los hubiera mantenido separados. Lo mismo resulta ser cierto para nosotros hoy. La santidad de corazón y de la vida permanecen como las cumbres gemelas de la espiritualidad vital. Concluyamos nuestro estudio con un examen de los medios de gracia prudenciales.

## Reflexionar y escribir

1. ¿Por qué fue sabio Wesley en mantener los medios de gracia instituídos y prudenciales juntos bajo la totalidad de la espiritualidad vital? ¿Qué sucede cuando se separan a gran distancia ?

2. ¿Qué habilidad creadora ve en ayudar a la gente comprender la diferencia entre las obras de piedad y las obras de misericordia? ¿Invita este punto de vista más amplio a las gentes con mayores intereses a reclamar la espiritualidad auténtica? ¿Cómo?

## Relacionarse

En un folleto publicado hace años intitulado *Spiritual Dryness* (Aridez espiritual), Walter Trobisch habla del peligro de que los cristianos lleguen a estar espiritualmente hinchados. Esta condición ocurre, escribe él, cuando nos empeñamos demasiado en las dimensiones de la absorción de la vida espiritual y no nos preocupamos suficientemente por el efluvio. ¿Cómo le hablan a usted estas imágenes? ¿Cómo le ayudan a comprender la preocupación de Wesley? ¿En alguna ocasión se ha sentido espiritualmente hinchado?

## DÍA DOS

# No hacer ningún mal

El primer medio de gracia prudencial es *no hacer ningún mal.* La dimensión especial de la vida espiritual se expresa tanto en lo que no hacemos como en lo que hacemos. Esto no es tanto una ética negativa como una ética de desplazamiento. Con eso quiero decir—y creo que Wesley también lo diría—que primero tenemos que desprendernos de las actitudes y acciones contraproducentes antes de poder dedicarnos a esas cosas que dan vida.

A la vez, Wesley no estaba llamando a su gente a que midiera su espiritualidad según lo que no hacía. Él había visto los efectos destructivos de la tranquilidad (un término en sus días que describía a los cristianos que llegaron a ser excesivamente pasivos) y sabía que no se puede edificar una espiritualidad positiva basada en el escepticismo. No obstante, vio que mucha gente tenía que alejarse primeramente de algunas cosas antes de dirigirse hacia otras cosas. Sabía que en el reino de las relaciones humanas, tenemos que comprometernos a *no* hacer algunas cosas, así como hacer otras. Una espiritualidad viviente siempre pregunta: ¿Qué necesito evitar en mi caminata hacia la madurez en Cristo?

El no hacer ningún daño no era el intento de Wesley para

constreñir a los cristianos. Más bien, su intento fue delinear los límites—para poner un marco alrededor del cuadro de la vida espiritual. Sin duda, su lista de prohibiciones incluye algunas cosas «pasadas de moda», pero no consideró que su lista era exhaustiva.[2] Vio sus ejemplos como ilustrativos de aquellas dimensiones de la vida que toda persona legítimamente cristiana evitaría. Wesley no podía imaginarse que algún cristiano pudiera de buena gana dañar a otra persona, ya sea hablando mal de ella o portándose mal con ella.

## Reflexionar y escribir

1. ¿Qué peligros nos aguardan en la vida espiritual cuando ponemos demasiado énfasis en lo que no hacemos?

2. ¿Qué peligros nos aguardan en la vida espiritual cuando no nos damos cuenta de que tenemos que desprendernos de ciertas cosas si hemos de lograr una espiritualidad vital?

## Relacionarse

En las «Reglas generales» Wesley hace una lista de ejemplos de cosas que deben evitarse. Si tuviera que hacer una lista de las cosas en la vida contempóranea en las cuales una persona cristiana no debe participar, ¿qué incluiría?

¿Por qué es importante esta lista para usted? ¿Cómo podría usted comunicársela a los demás sin caer en la trampa del rigorismo o sin tratar de legislar la espiritualidad?

## DÍA TRES

## Hacer el bien

El verdadero empuje de la espiritualidad de Wesley fue su expresión positiva de hacer el bien. Aquí también hizo una lista de ejemplos para la gente de sus días. Hizo esto bajo tres subcategorías. Primero, esperó que los metodistas trataran bien el cuerpo. Esta dimensión tenía que ver con tales cosas como el alimento, el vestido, la habitación, la visitación a los enfermos, los presos y mucho más. Aquí está precisamente por qué el metodismo primitivo fue un verdadero ministerio de asistencia como lo entendemos actualmente. Foundary en Londres, por ejemplo, incluía una escuela para niñas, un hogar para las viudas, un banco de alimentos, una tienda de ropa y un programa de analfabetismo junto con el complemento total de la predicación, la adoración y oportunidades para los grupos pequeños.

Segundo, Wesley quiso que los metodistas primitivos hicieran el bien a las almas de los demás. Bajo esta categoría podemos trazar la motivación y los métodos wesleyanos para evangelizar y hacer discípulos. Estaba presente también la preocupación de Wesley de que el error fuera refutado y que la doctrina sana fuera enseñada. Para nuestros propósitos hoy, necesitamos ver cuán estrechamente Wesley relacionó la asistencia física con la renovación espiritual. Se sentía con plena libertad para guiar tanto en un aspecto como en otro, según las necesidades de cierta persona o de cierto grupo en especial. Pero no consideró terminada la tarea hasta que la otra persona había sido acercada.

La tercera subcategoría fue hacer el bien especialmente a quienes eran de la familia de la fe. Esto no quería decir que las personas cristianas deberían mostrar un trato especial hacia las otras personas cristianas que no podrían dar a los demás. Pero quería decir que los cristianos no deberían separarse, evitar los cismas y abstenerse de cualquier práctica dañosa que pudiera corroer su testimonio en el mundo. Wesley creyó que la comunidad cristiana era una especie de laboratorio. Si los creyentes no podían comportarse debidamente hacia los del mismo parecer, era dudoso que pudieran mantener actitudes y acciones correctas con el mundo en general. Además, en un mundo que marginaba a la fe cristiana, Wesley sintió que el mundo amaría a los suyos. Por lo tanto, los cristianos deberían ejercer una sensibilidad especial hacia otros creyentes, pero ya fuera hacia un creyente o una incrédula, la ética positiva de hacer el bien debería caracterizar una vida espiritual auténtica.

## Reflexionar y escribir

1. El himno antiguo «Ayuda a alguien hoy» dice: «Aunque sea pequeño—un hecho sociable—ayuda a alguien hoy».

¿Cómo es ésta una expresión de la ética de Wesley de hacer el bien?

2. ¿Cómo es su iglesia una expresión de una amplia extensión de ministerios dirigidos a hacer el bien? ¿Se le ocurren algunas nuevas posibilidades?

## Relacionarse

Una vez más, tomando en cuenta que Wesley presentó expresiones concretas para hacer el bien, ¿qué expresiones específicas podría usted enumerar que podrían cumplir con cada una de las tres categorías: tratando bien el cuerpo de los demás, el alma y a los hermanos y hermanas creyentes? ¿Por qué son éstos especialmente importantes para usted? ¿Cómo puede impedir que éstas se deterioren en una estricta legalidad o en dimensiones de la espiritualidad?

## DÍA CUATRO

# Las ordenanzas de Dios

El tercer aspecto de los medios prudenciales es *prestar atención a las ordenanzas de Dios.* Una mirada a la lista de Wesley muestra que esencialmente incluye una nueva declaración de lo que hemos llamado los medios de gracia instituídos. Las ordenanzas de Dios esencialmente son las expresiones colectivas de los medios instituídos. Éste es aun otra manera de cómo Wesley quiso mantener la vida espiritual como una prenda de vestir sin costura. Así como los medios de gracia instituídos (que promueven la santidad interior personal y de la grey) desembocan naturalmente en los medios prudenciales (que promueven la santidad exterior personal y de la grey), así lo contrario será cierto. Al buscar llevar una vida de amor y servicio en el mundo, necesariamente vamos a ver que tal cosa es imposible e hipócrita a menos que haya una devoción afin a la autenticidad de nuestra propia vida.

Wesley estaba haciendo otras dos cosas significativas al instar que se prestara atención a las ordenanzas de Dios. Primero, estaba cimentando su ética social en aquellos elementos que no están sujetos a ajustes culturales e históricos. Algunos ejemplos específicos de evitar el mal y hacer el bien podrían cambiar de una generación a otra, pero los medios de gracia instituídos son trasculturales o trashistóricos. Al prestar atención a las ordenanzas de Dios (mediante la práctica privada y la observancia pública), podemos confiar en que el espíritu de Dios precisará lo que debemos y no debemos hacer. Las ordenanzas de Dios le dan a la espiritualidad social sus raíces.

Segundo, Wesley removió efectivamente la capacidad de poner las cosas en categorías ordenadas y desconectadas. Eliminó la idea de que cualquier cristiano pudiera acampar en la santidad interior o en la exterior. Esta conexión excluye el ser controlados por las preferencias personales y ocasiona un estirón en la vida espiritual para todos. Para aquellas y aquellos de nosotros que podemos perdernos en la admiración, el amor y la alabanza, hay una advertencia de que un mundo espera nuestro testimonio y servicio. Para quienes pueden ser consumidos por las buenas obras, hay la advertencia que el descanso y la renovación son esenciales para mantener una espiritualidad auténtica.

Los medios de gracia prudenciales con su triple énfasis nos ayudan a cumplir un ciclo completo. Mantienen en movimiento el ciclo de profesión y expresión así como el inhalar y el exhalar nos mantienen con vida. La primera lectura en este libro de ejercicios incluyó una cita acerca de la importancia de fijar ratos para practicar los medios instituídos. Ahora, vamos a dejar que Wesley complete el cuadro compartiendo la importancia de mantener los medios prudenciales también:

Es imposible para cualquiera que la tenga, esconder la religión de Cristo Jesús. Esto nuestro Señor lo hace claro más allá de toda contradicción a través de una doble comparación: «Vosotros sois la luz del mundo; una ciudad asentada sobre un monte  no se puede esconder». Vosotros los cristianos sois «la luz del mundo» con respecto tanto a vuestros temperamentos como vuestras acciones. Vuestra santidad os hace tan conspicuos como el sol en medio del cielo. Así como no podéis salir del mundo, tampoco podéis quedaros en él sin ser visibles a toda la humanidad . . . . Así también es imposible evitar que nuestra religión sea vista a menos que la desechemos. . . . Es muy seguro que una religión secreta e invisible no puede ser la religión de Cristo Jesús. Cualquier religión que pueda esconderse no es el cristianismo.[3]

## Reflexionar y escribir

1. ¿Hasta qué punto es su vida espiritual un vestido sin costura en el sentido que Wesley lo afirma? ¿Dónde necesita coser más juntas algunas partes?

2. Tomando en cuenta el cuadro mayor, ¿busca una santidad interior o exterior? ¿Cómo ha podido mantener las dos en equilibrio?

## Relacionarse

Si las ordenanzas de Dios son fundamentalmente las expresiones públicas de los medios de gracia instituídos—la oración, el escudriñamiento de las Escrituras, la Cena del Señor, el ayuno y la «conferencia cristiana»—¿cómo se refleja cada aspecto en su participación con los fieles en el cuerpo de Cristo?

## DÍA CINCO

# La recuperación

La recuperación de la vida de devoción en la tradición wesleyana no podrá y no puede significar un regreso al siglo diez y ocho o una repetición simplista de las acciones del metodismo primitivo. Hay lugares donde una recuperación de ciertas prácticas específicas pueden llevarse a cabo y serían de beneficio. Pero en muchos más lugares, lo que estamos pidiendo es una recuperación del *espíritu* wesleyano. Este libro de ejercicios se apoya en la premisa que no podemos recuperar el espíritu wesleyano sin un conocimiento exacto del ambiente original del siglo diez y ocho en el cual Wesley llevó a cabo su ministerio y el metodismo comenzó. No hemos mirado hacia atrás a Wesley y a los metodistas primitivos meramente para imitarlos, sino más bien hemos examinado su espiritualidad para ser desafiados por ella.

Al pasar nuestros dos últimos días en el libro de

ejercicios, es importante que comencemos a distinguir entre
regresar y recuperar. No podemos regresar a una era de
antaño, pero podemos enriquecer nuestra época con los
principios y las prioridades que observamos en la tradición
wesleyana. De esto es de lo que se ha tratado toda esta
experiencia, permitiendo a Wesley que hable una vez más:

> Es muy cierto que la raíz de la religión yace en el
> corazón, en lo más íntimo del alma; que ésta es la unión del
> alma con Dios, la vida de Dios en el alma del hombre. Pero
> si esta raíz está realmente en el corazón, no puede menos
> que echar renuevos. . . . [mediante] instancias  de la
> obediencia exterior.[4]

## Reflexionar y escribir

1. ¿Por qué es imposible regresar a otros tiempos o lugares?¿Por
qué presenta esto un peligro al desarrollar una vida de devoción?

2. Al examinar su propia formación espiritual, ¿cómo ha
mantenido la verdadera diferenciación entre el regresar y
el recuperar? ¿Hay algunos aspectos en los cuales necesita
hacer esta distinción?

## Relacionarse

Regrese a la quinta semana cuando examinamos el ayuno.

El cuarto y el quinto día repasamos el ejemplo de Wesley y el de los primeros metodistas. Notamos que este modelo estaba relacionado a un plan semanal de devoción que observaba la pasión de Cristo. ¿Por qué podría esto ser un ejemplo de algo a lo cual no podría usted regresar? ¿Cómo podría, sin embargo, recuperar el espíritu wesleyano? Quizás querrá considerar esto en relación a cada uno de los medios de gracia.

# El metodismo

Wesley se quedó con el nombre *metodista* para describir el movimiento. Implica, por supuesto, el elemento del método en la vida de devoción personal y con los fieles de uno. Como hemos visto en nuestro peregrinaje a través de este libro de ejercicios, el método gira alrededor de la práctica de los medios de gracia instituídos y prudenciales. El metodismo de Wesley no es un plan que sirve para todos por igual. Más bien, encierra una participación comprensiva en la amplia extensión de la gracia de Dios. Es la santidad de la vida y del corazón.

Hoy quiero que pasen menos tiempo en la lectura y más tiempo reflexionando en esta pregunta: ¿Hasta que punto soy

*Metodista*? No me refiero a una afiliación religiosa. Me refiero a la clase de discípulo reflejado en las páginas de este libro de ejercicios. ¿Hasta que punto su vida de devoción refleja el método de la verdadera espiritualidad asequible para usted mediante los medios de gracia instituídos y prudenciales?

Hoy al tener un retiro silencioso en miniatura, procure el equilibrio en su reflexión. Concédale permiso al Espíritu de Dios para que le felicite en lo que está haciendo bien. Luego permita que el Espíritu le desafíe en los aspectos donde puede mejorar. Sobre todo, trate de descubrir la extensión en que verdadera y actualmente existe en su vida la devoción que hemos examinado. Los metodistas primitivos de Wesley estaban afiliados a un número de denominaciones y tradiciones teológicas. Lo que los unía era una devoción en Dios en común, una fidelidad en común a Cristo y un deseo en común de ser formados interior y exteriormente por el Espíritu Santo. Al llegar su estudio de este libro de ejercicios a su conclusión y al considerar con anticipación su última reunión de grupo mañana, reflexione en cómo esas mismas convicciones representan el pulso de su vida espiritual.

## DÍA SIETE

## La reunión de grupo

El pronosticar o tratar de guiar cómo se desarrollará esta última sesión es casi imposible. Ahora ya se habrán conocido unos a otros y se habrán familiarizado con el formato de la reunión de grupo. No sienta que tiene que seguir cierto formato en especial esta semana, pero mantenga en mente la meta de la clausura. Como posibilidades, sugiero las siguientes opciones, aunque no esperaría que su grupo las llevara todas a cabo en una sola reunión:

1. Pida a los miembros que compartan una o dos de sus experiencias mas sobresalientes durante las semanas que usaron este libro de ejercicios.
2. Pregunte si algún miembro tiene luchas significativas (como resultado de haber usado el libro de ejercicios) que necesita compartir.
3. Considere opciones para más vida en grupo. No quiero decir la mera continuación de este grupo, ya que algunos pueden estar listos para un descanso ni tampoco quiero decir que discutan cosas que las personas quieran hacer juntas en el futuro. Entre otras opciones, recuerde que este libro de ejercicios es parte de un ministerio más grande que provee The Upper Room. Quizás querrá usar otros materiales en esta serie o cualquiera de los demás materiales excelentes sobre la vida de devoción que The Upper Room tiene disponibles.
4. Espero que podrán celebrar la Cena del Señor juntos al llegar al fin de la última sesión de su grupo. Tal vez también querrá considerar usar el culto de pacto de Wesley. Pida a su pastor o pastora a alguna persona ordenada a que esté presente en este acto de adoración.
5. También le pido que considere dejar que la persona que dirige lea este mensaje personal mío al grupo:

Aunque no nos hemos conocido, siento cierto parentesco con ustedes mediante su uso de este libro de ejercicios. Muchas veces al estar escribiendo, me he sentido cerca de quienes algún día usarían este material. En cierta manera, me he sentido muy cerca de ustedes. Gracias por permitirme compartir cosas de la tradición wesleyana que han llegado a ser muy importantes para mí. Espero que éstas les hayan ayudado y les hayan bendecido. Oren por mí, por favor, y sepan que he orado por ustedes conforme iba tomando forma este libro de ejercicios. Sobre todo, que lo que hemos experimentado aquí sea usado por Dios para hacernos más como Cristo y nos capacite para ser hallados fieles en el servicio de quien está locamente encariñado[6] con cada uno de ustedes. ¡Bendiciones al continuar su peregrinaje!

Steve Harper

## Notas

1. Jackson, *Works*, 7:17 y Bicentenaria, *Works* 3:385.
2. Jackson, *Works*, 8:270 y Bicentenaria, *Works* 9:70-72.
3. Jackson, *Works*, 5:301-2 y Bicentenaria, *Works* 1:539-40.
4. Jackson, *Works*, 5:303-4 y Bicentenaria, *Works* 1:541-542.